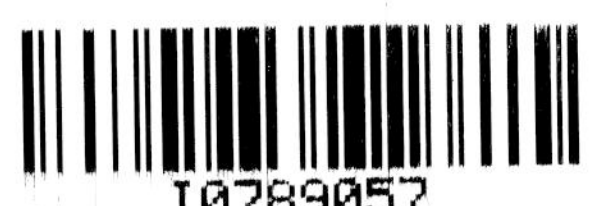

I0789057

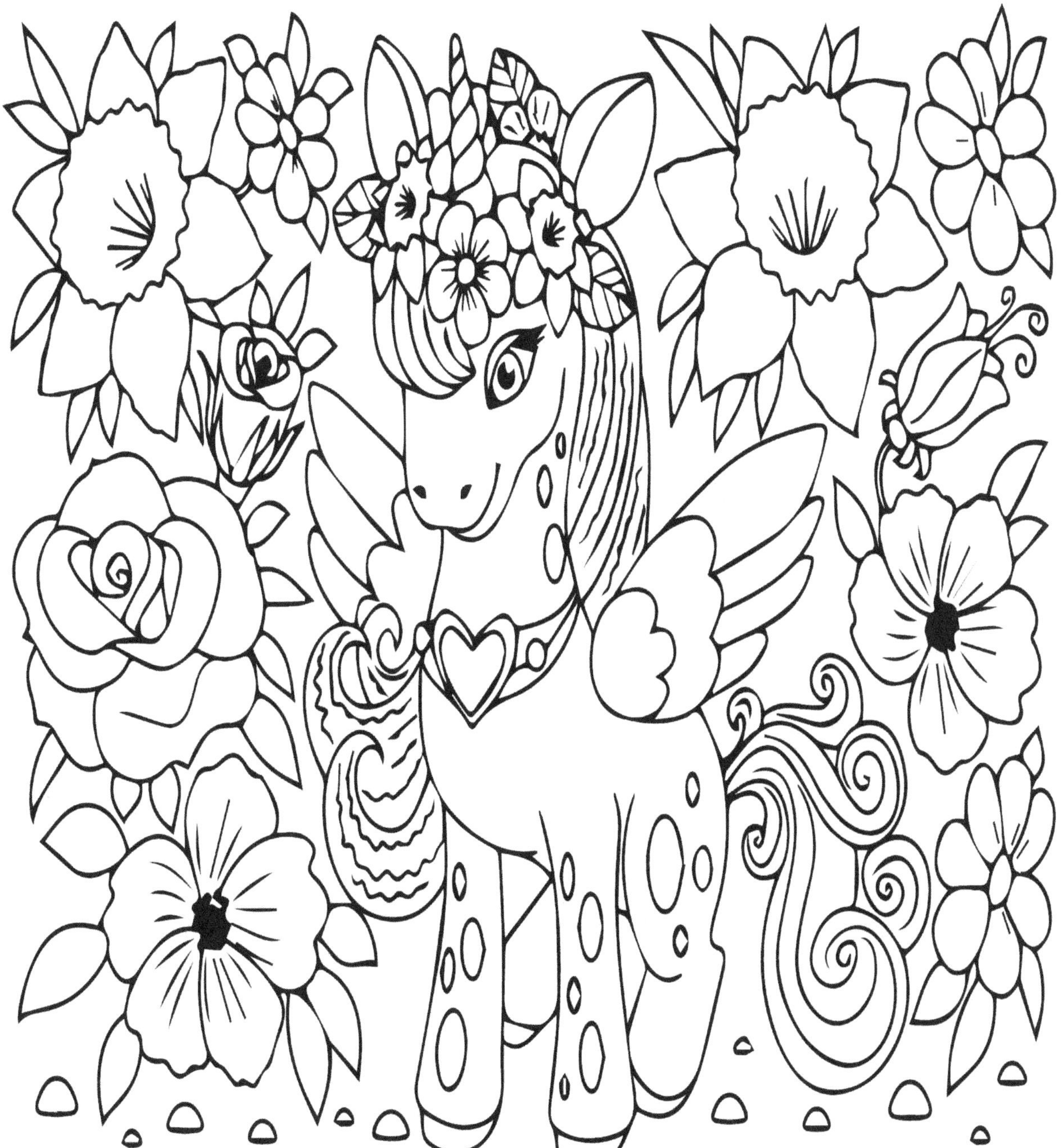

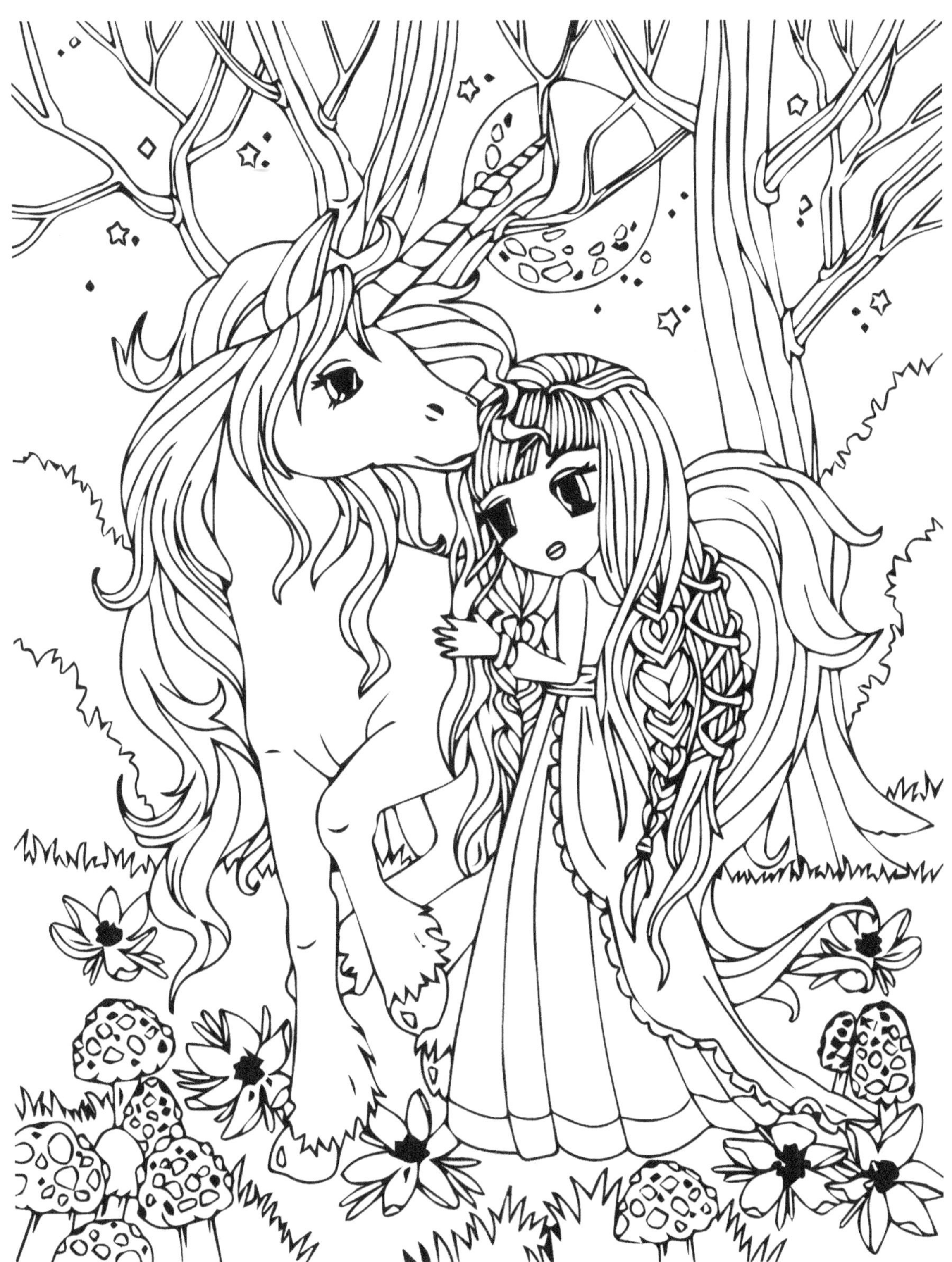

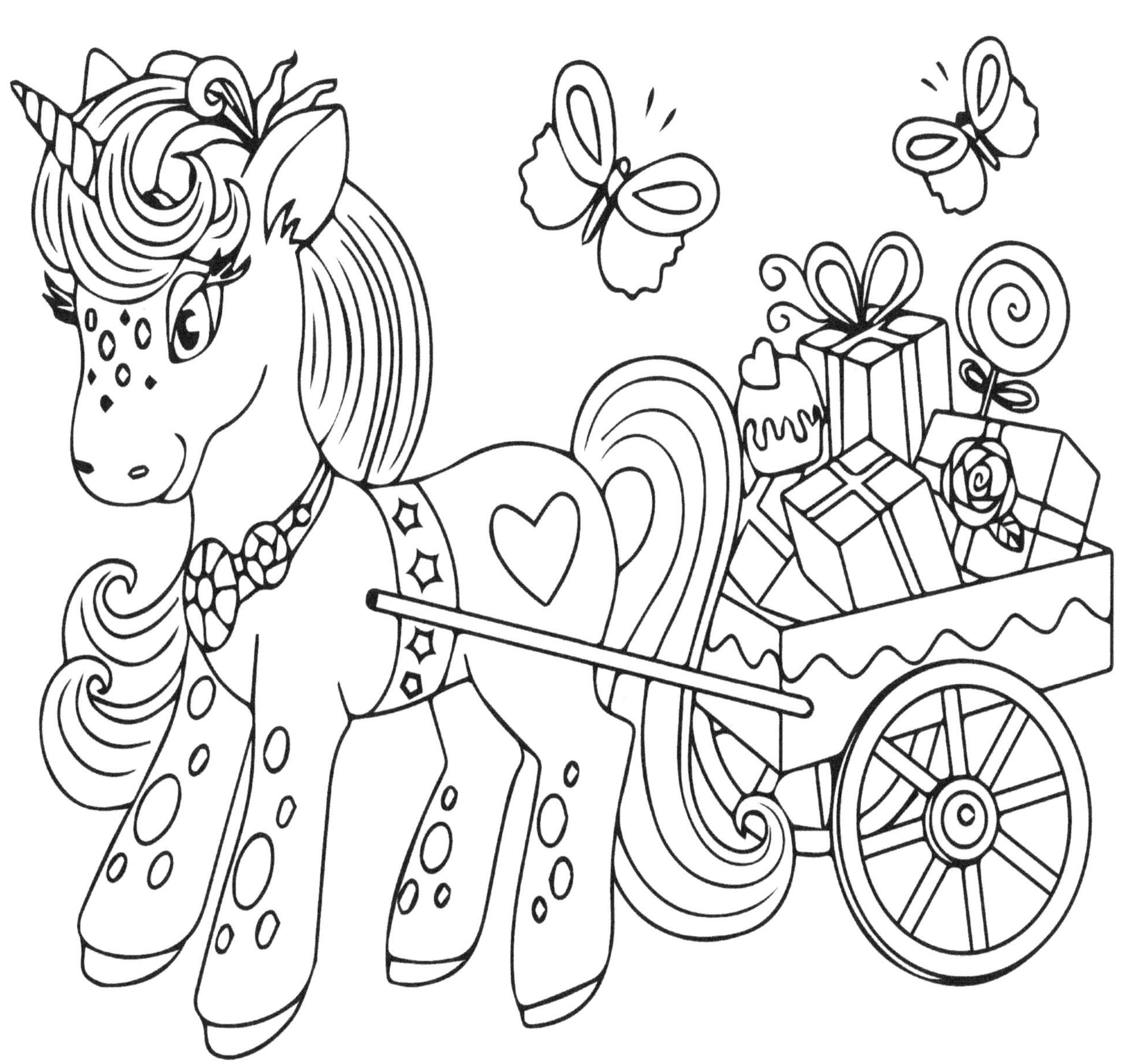

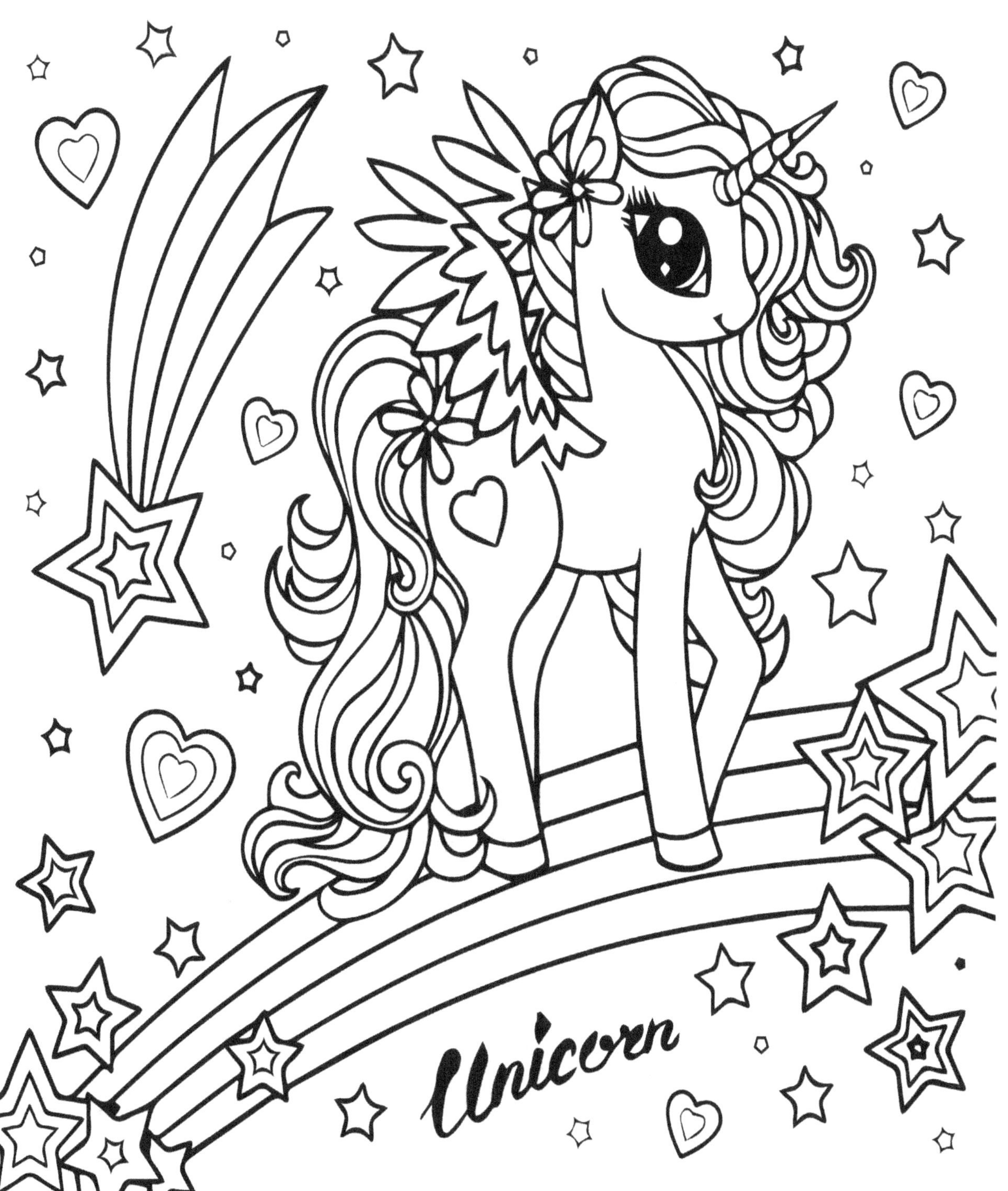

Unicorn

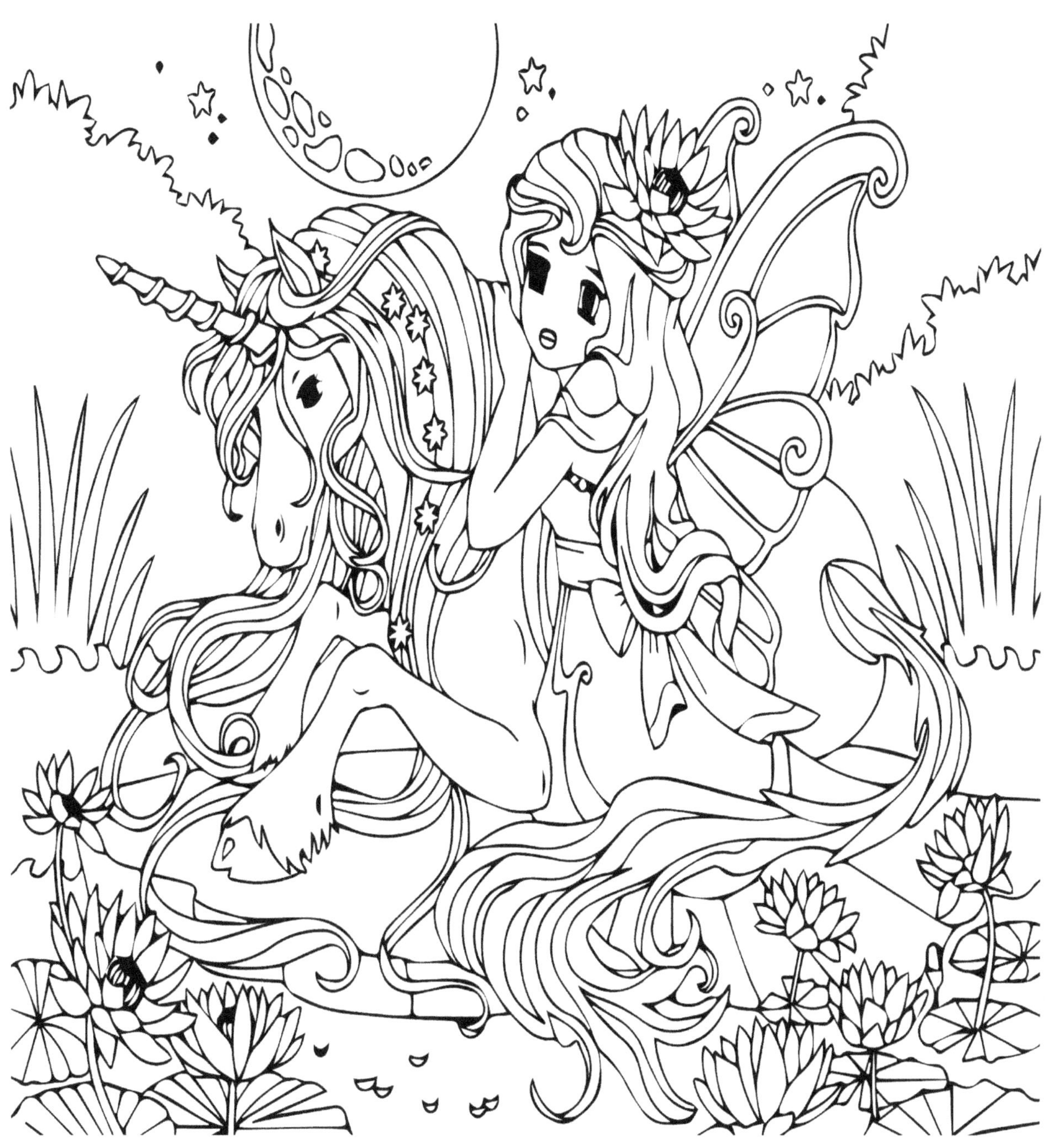

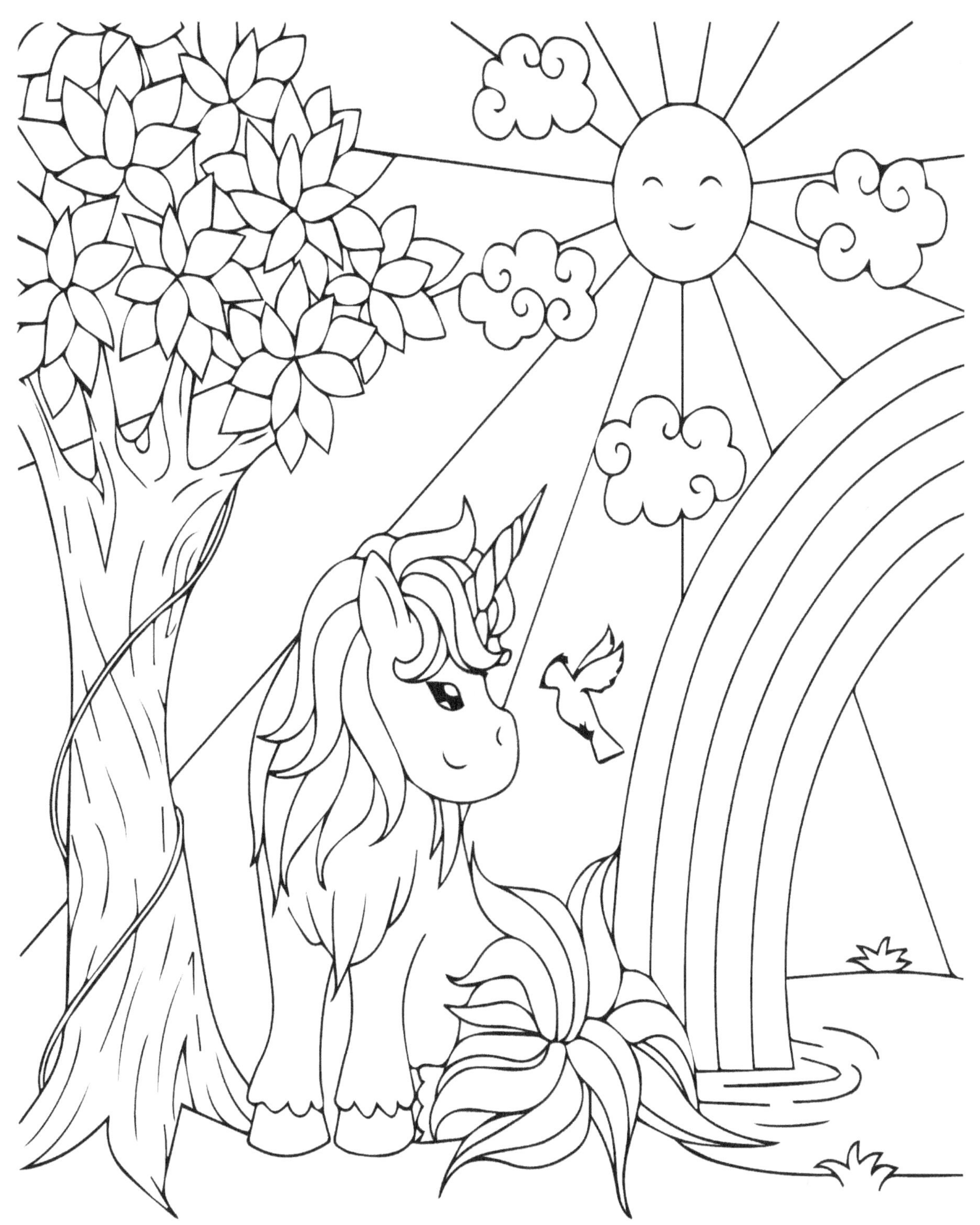

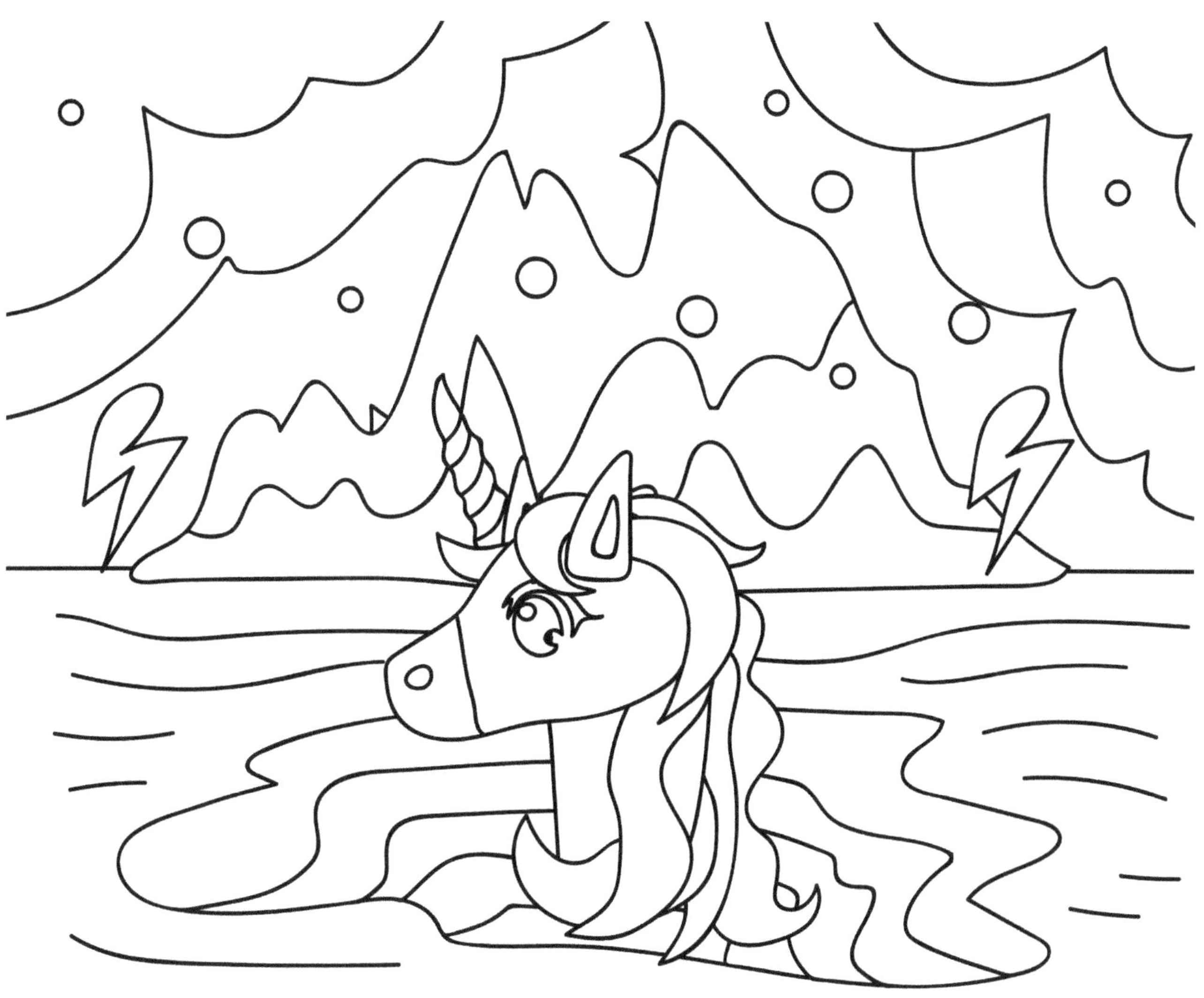

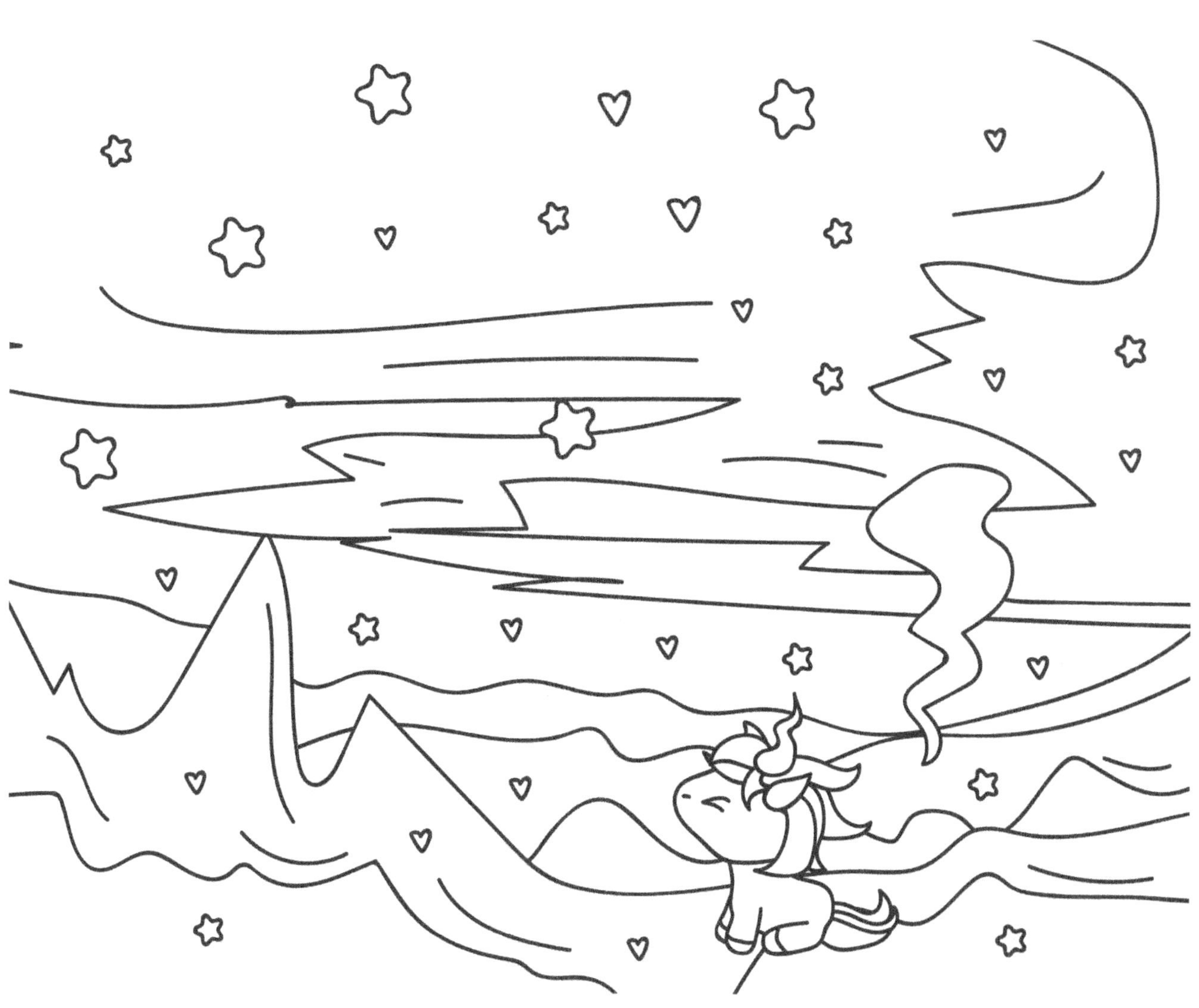

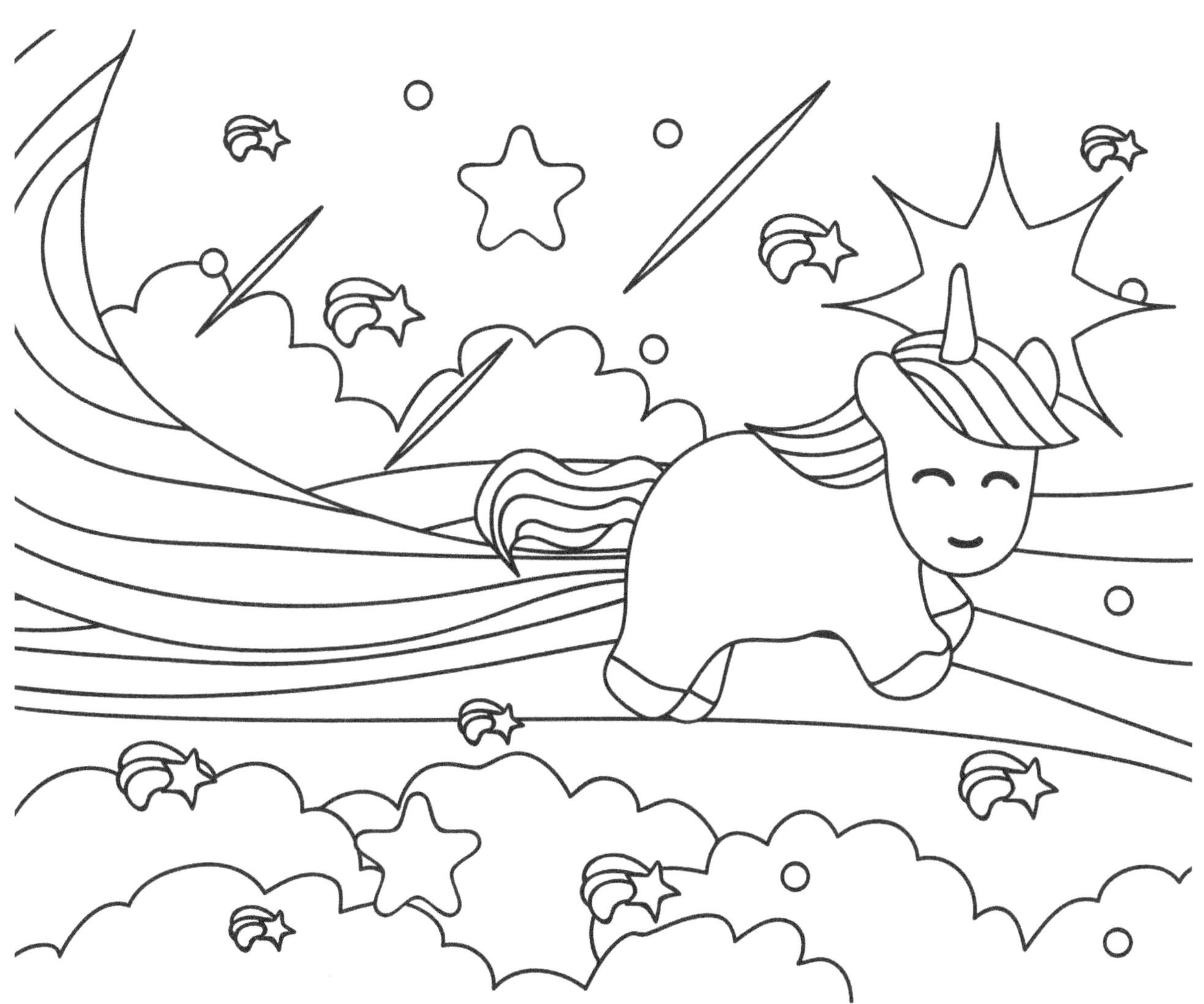

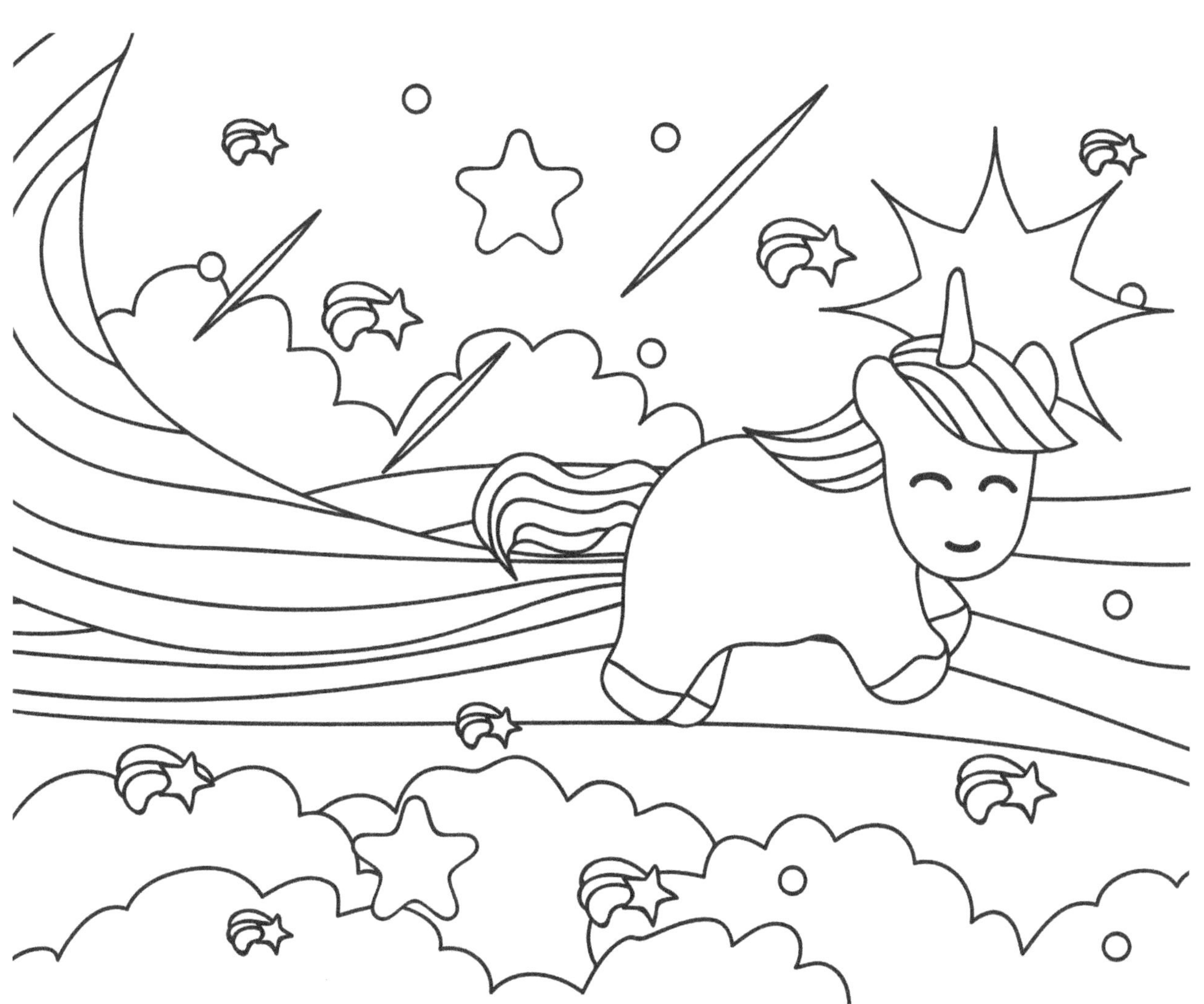

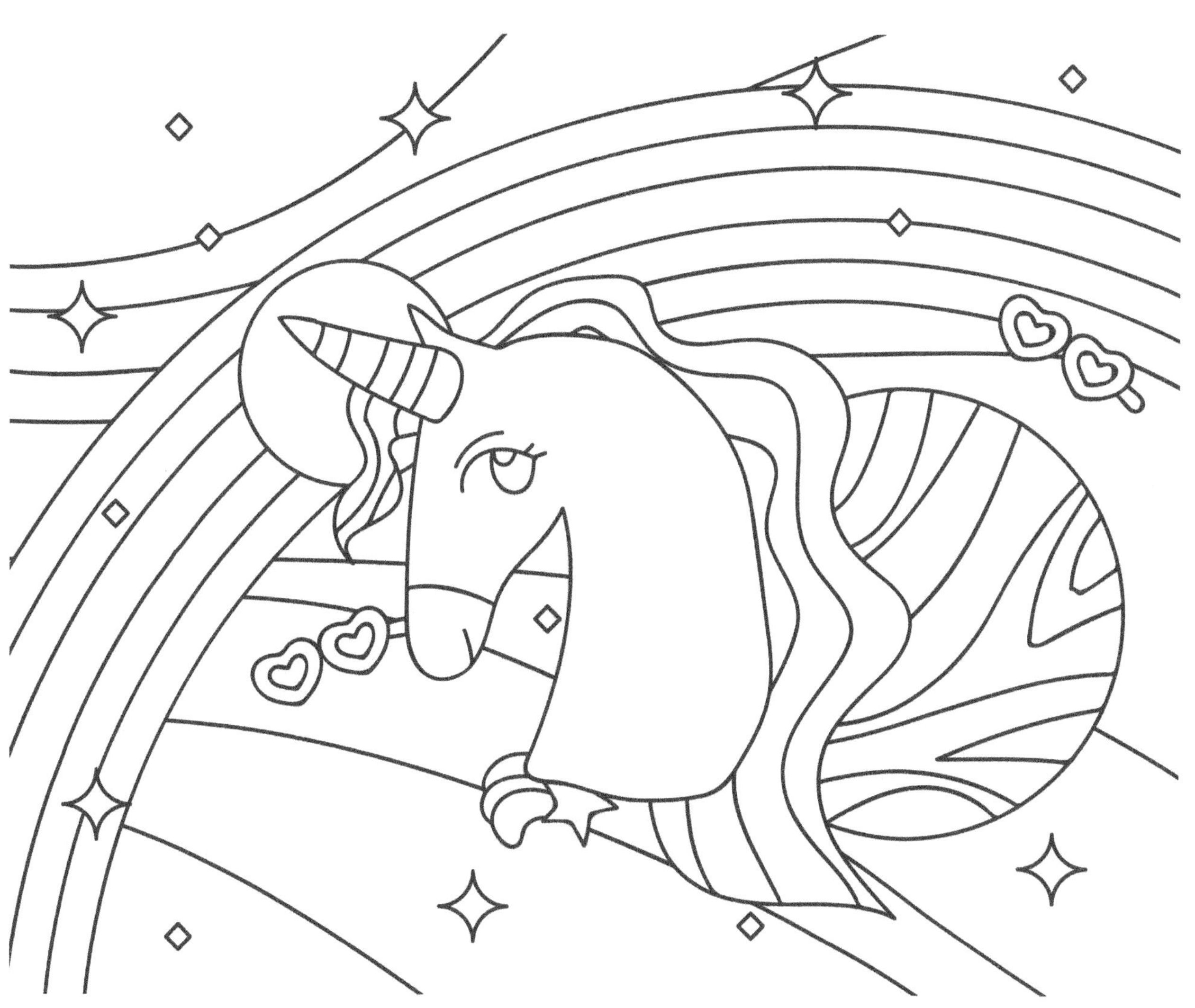

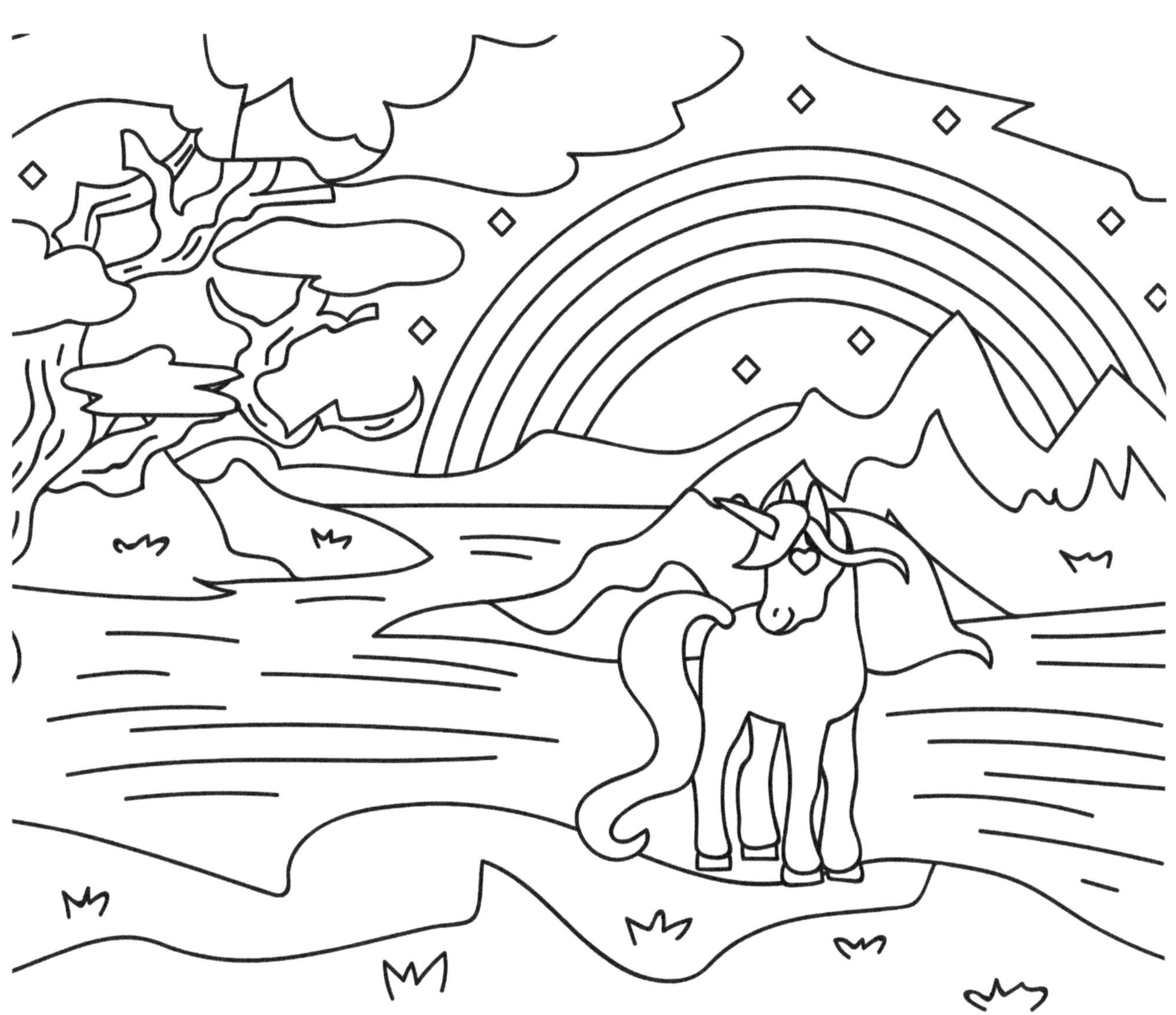

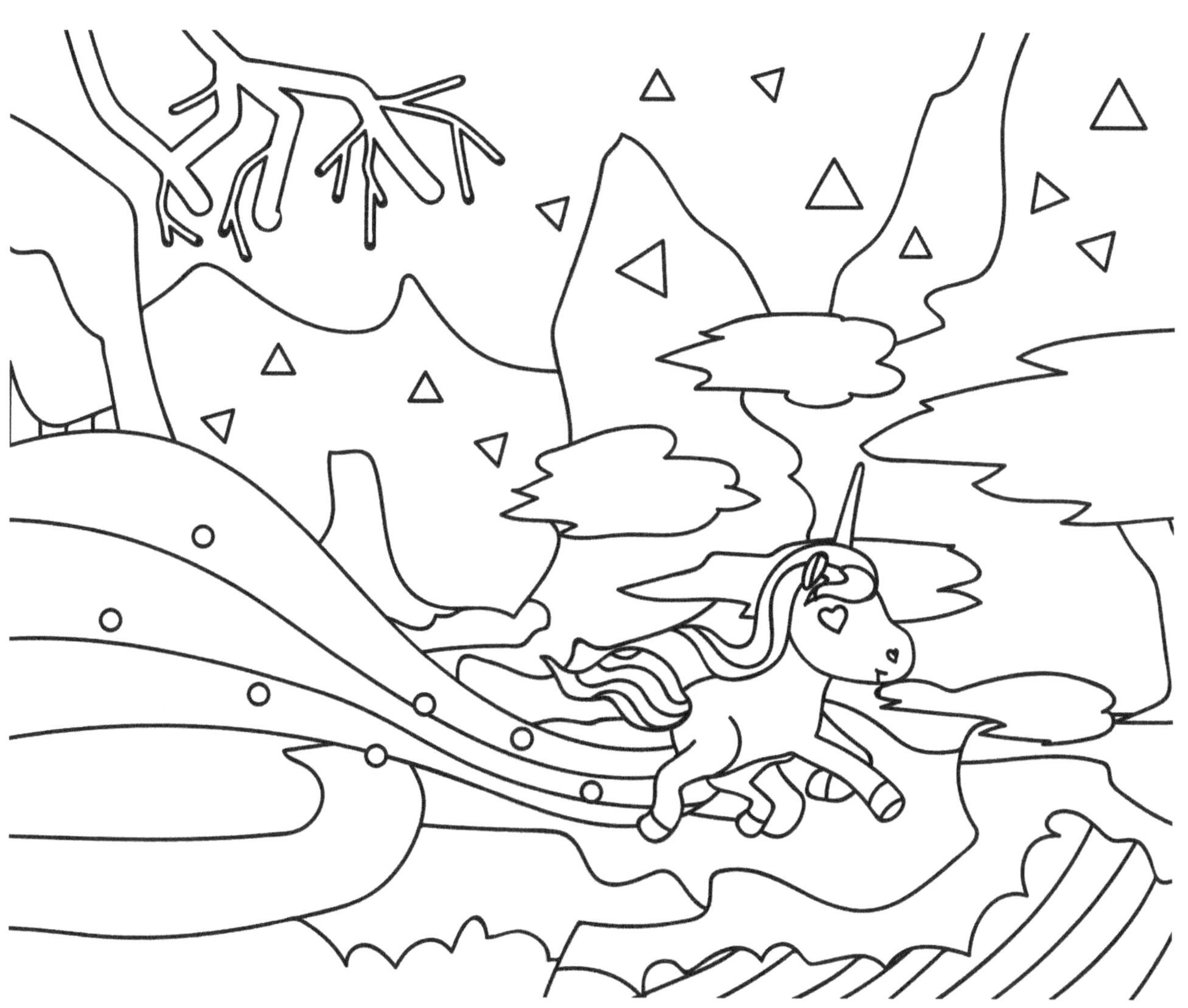

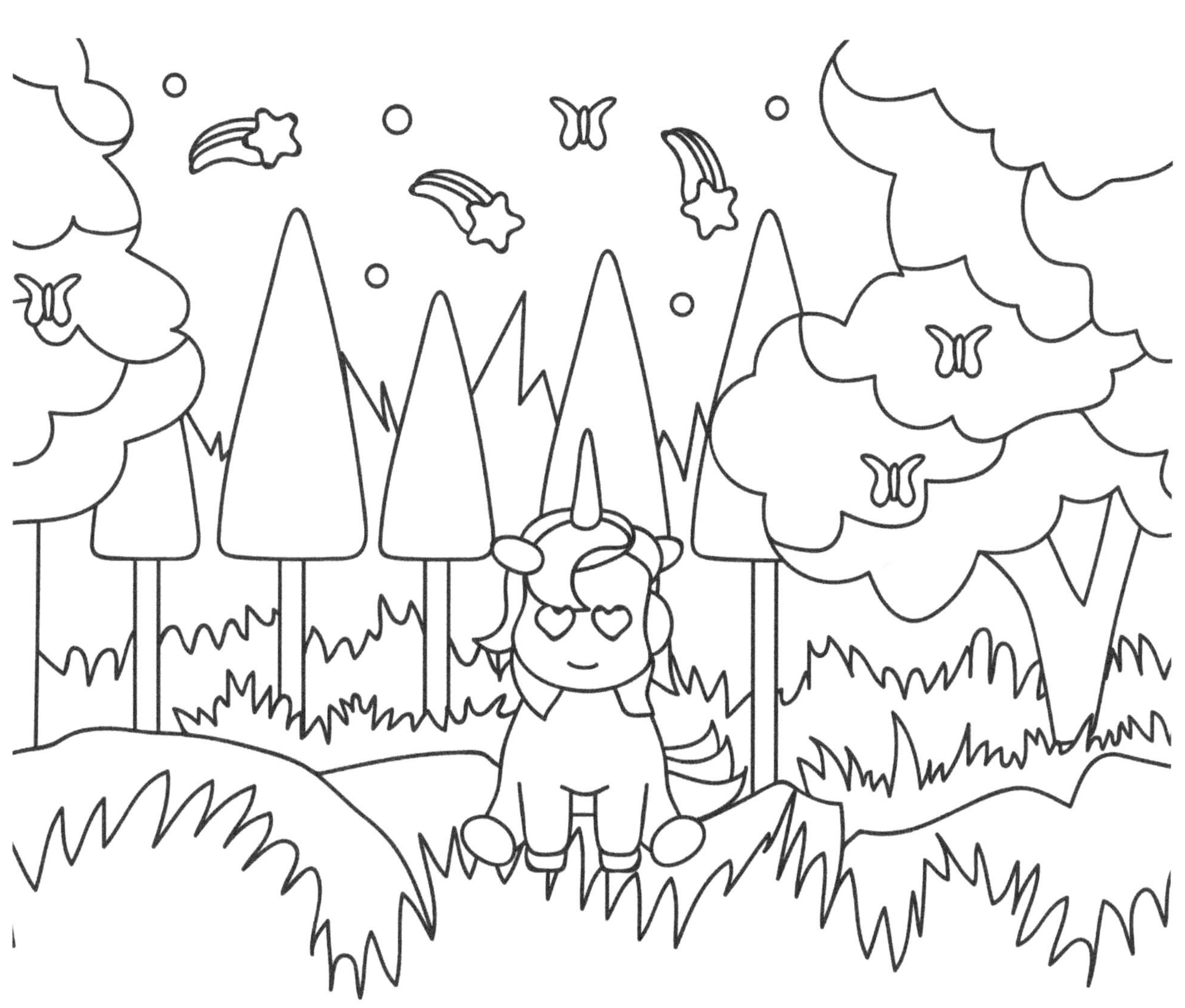

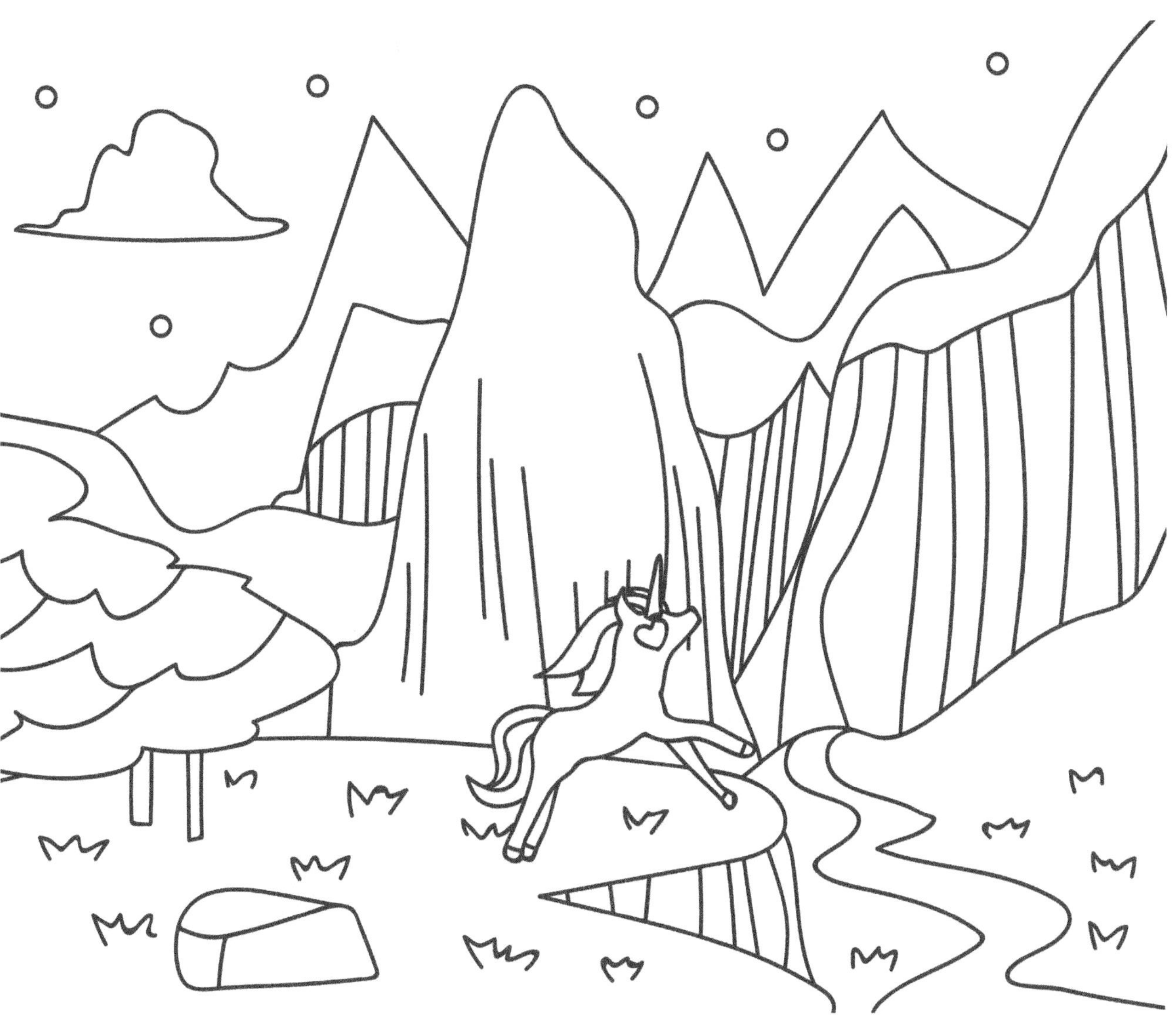

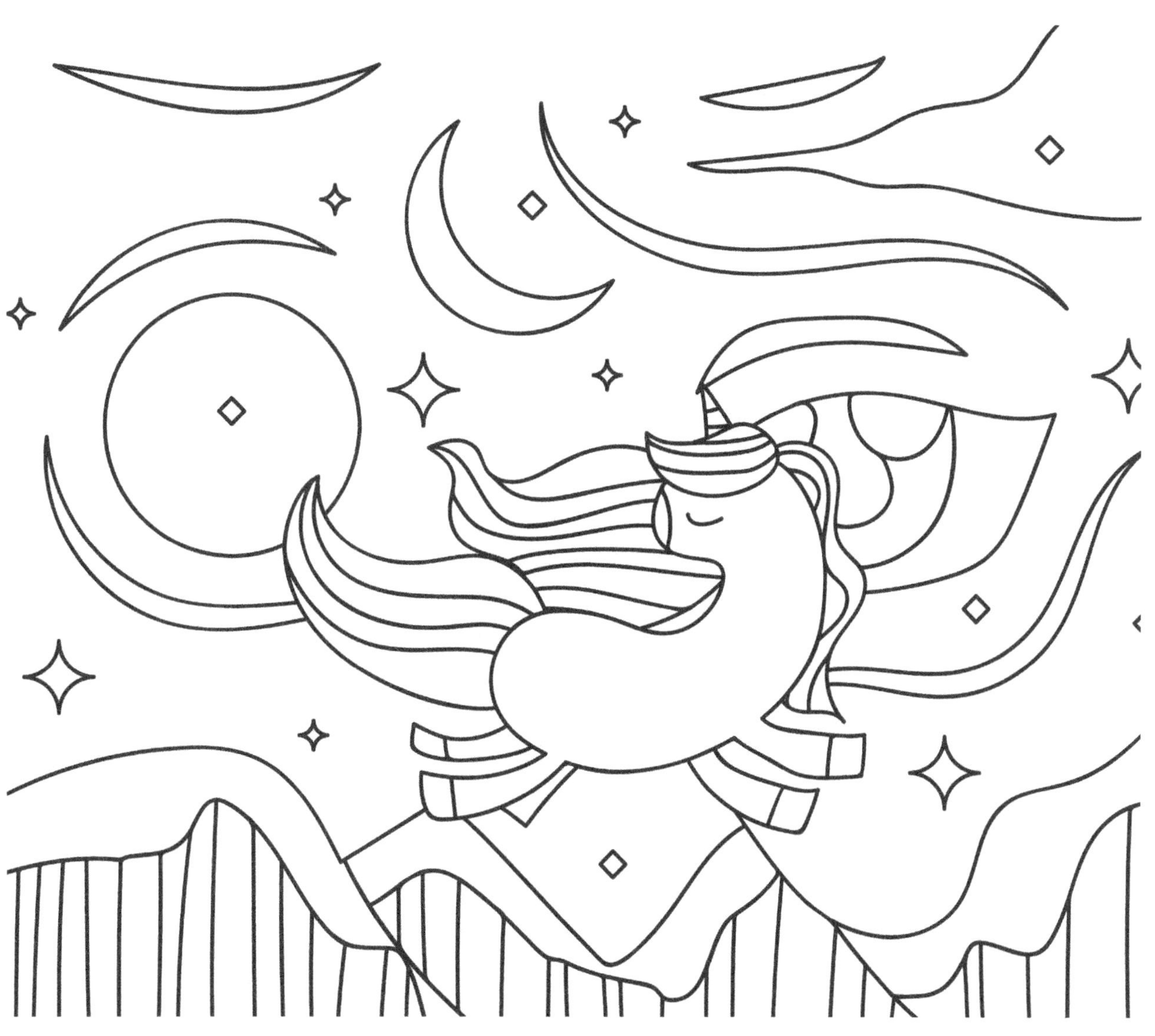

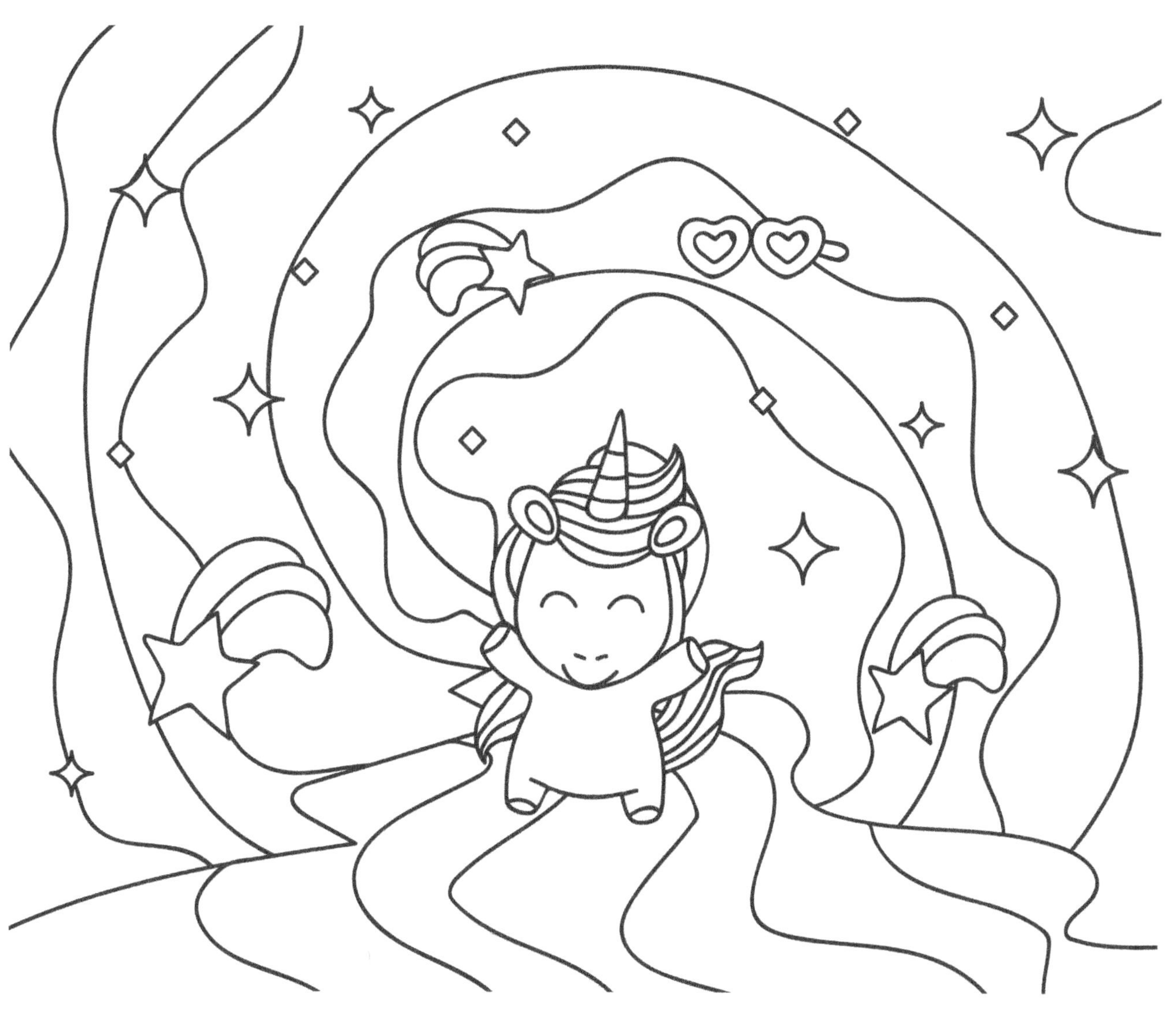

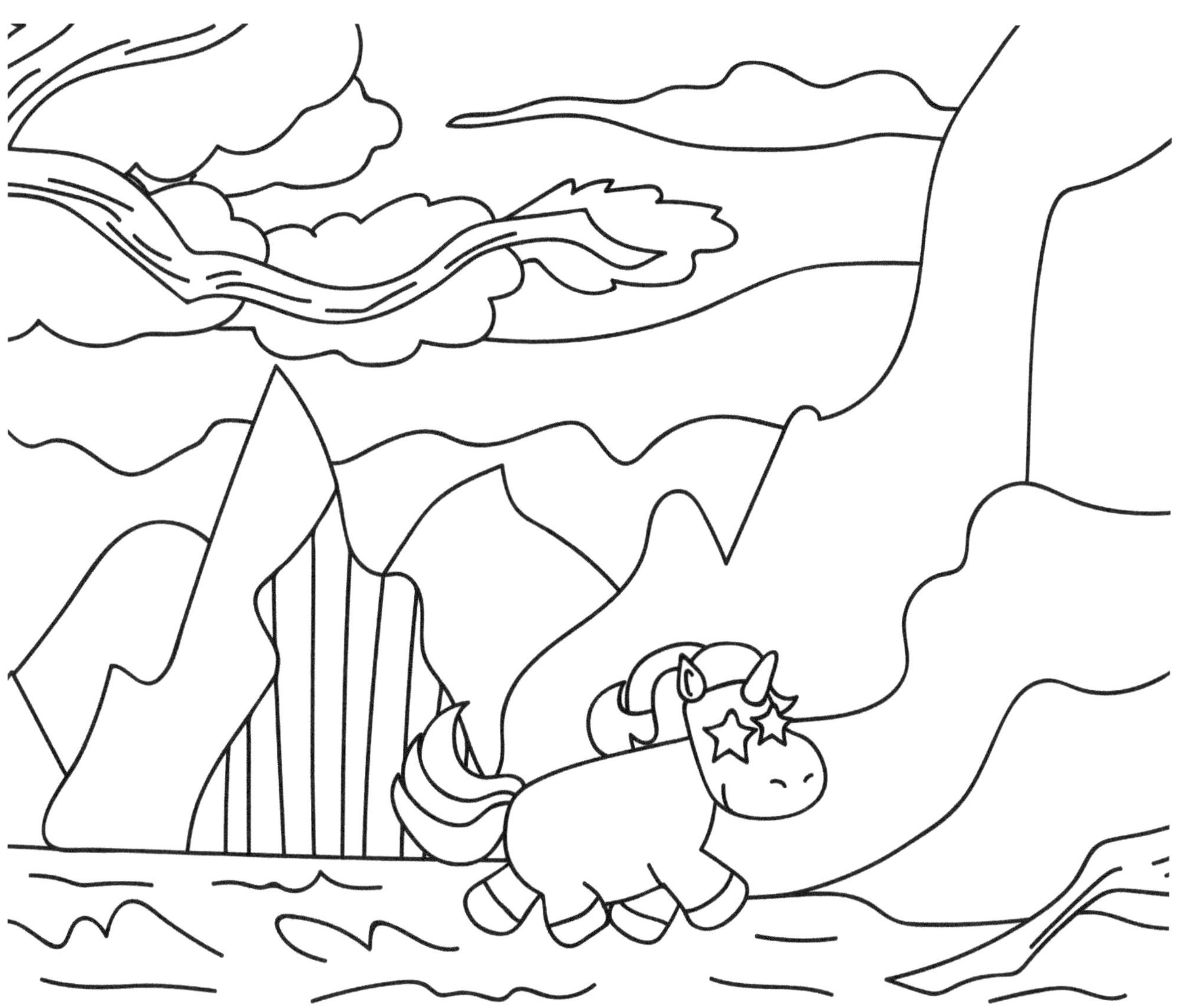

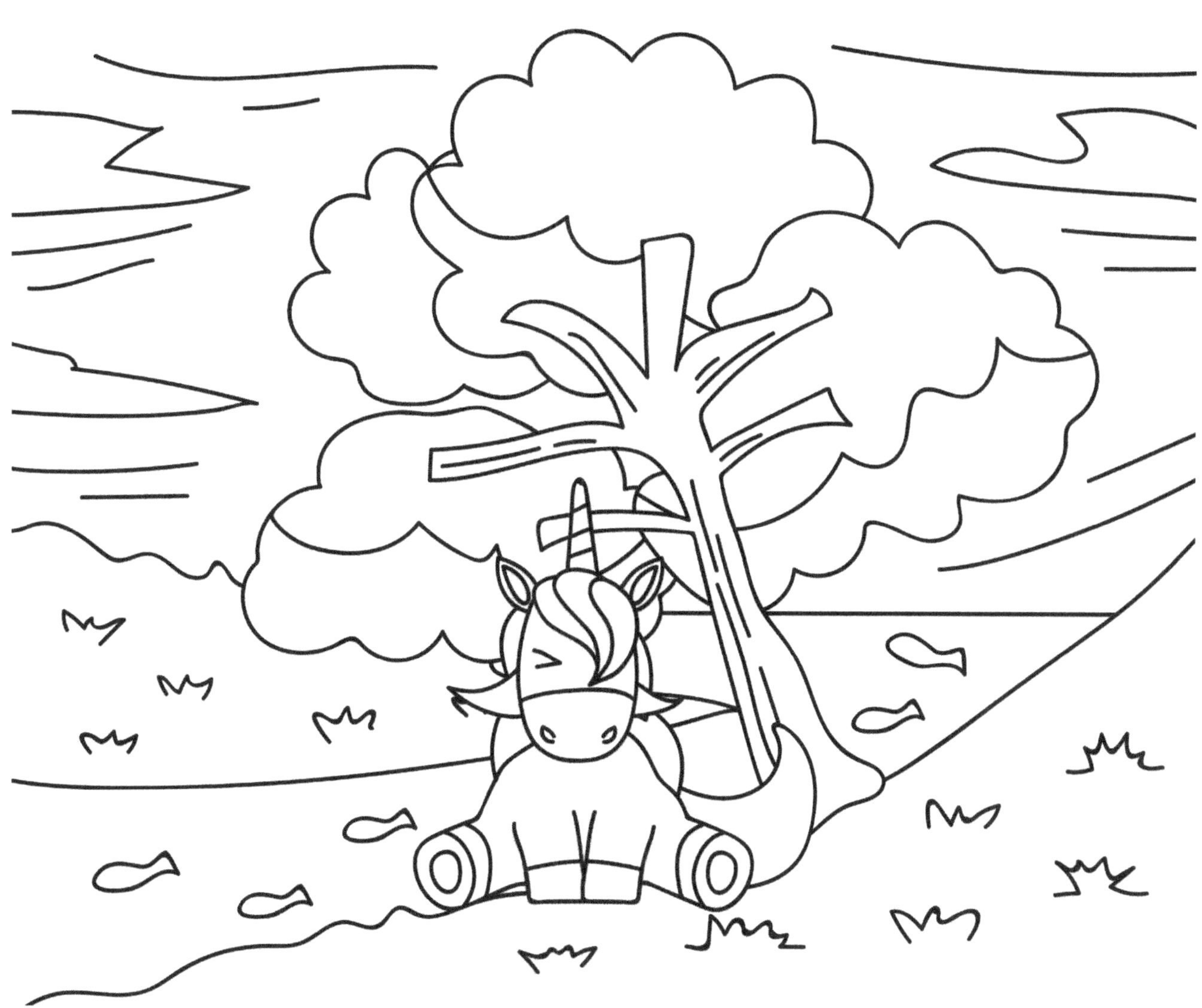

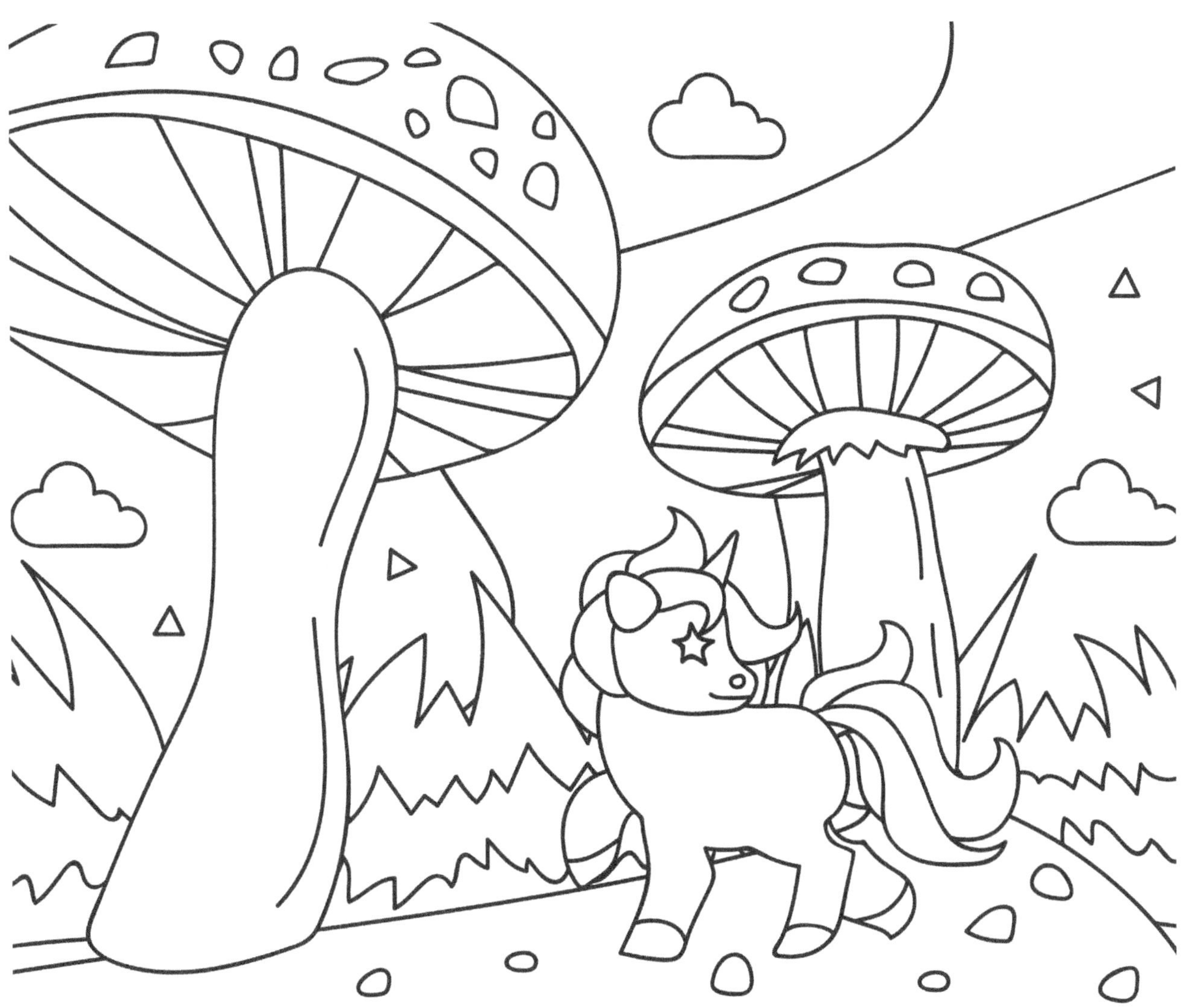

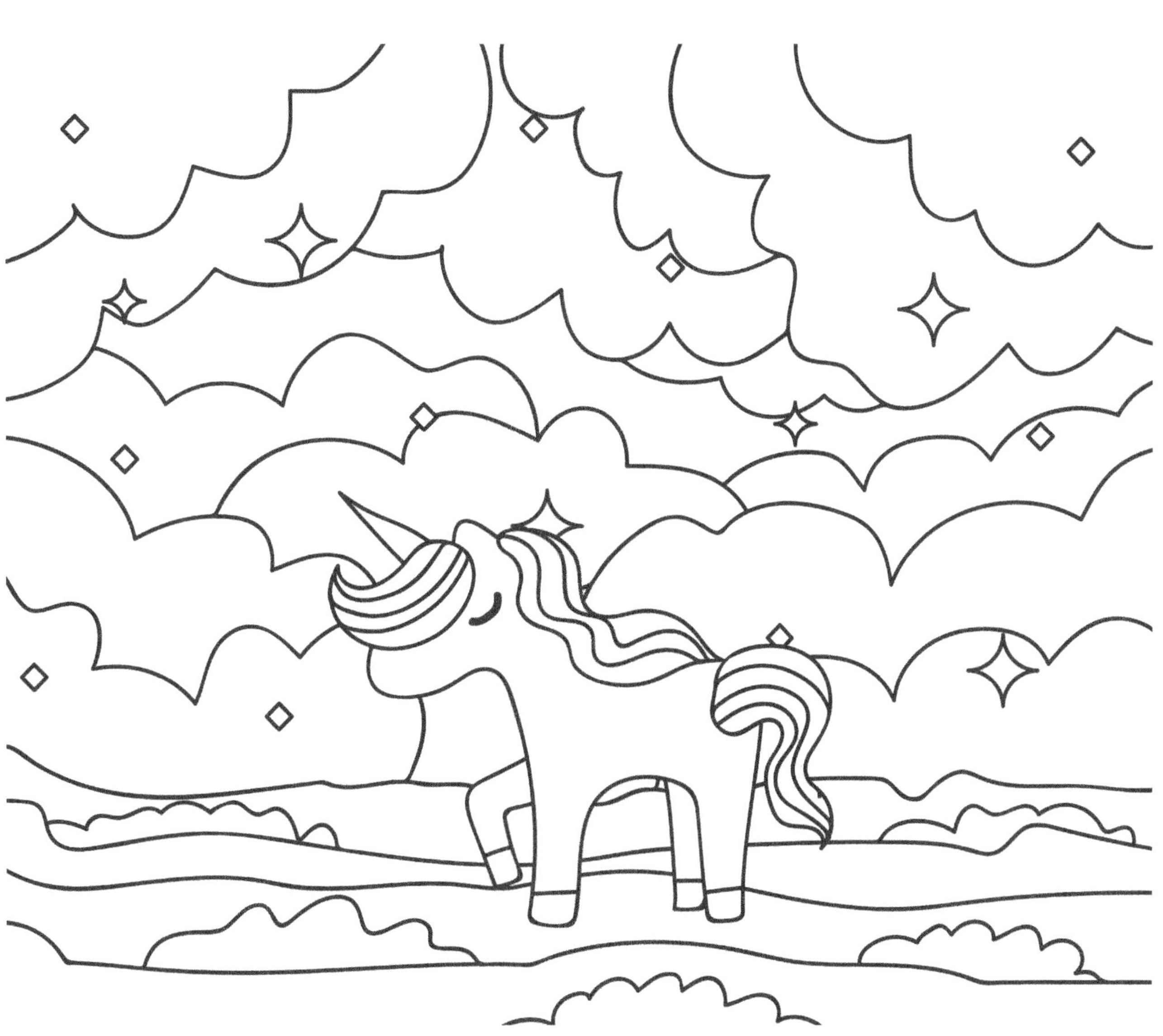

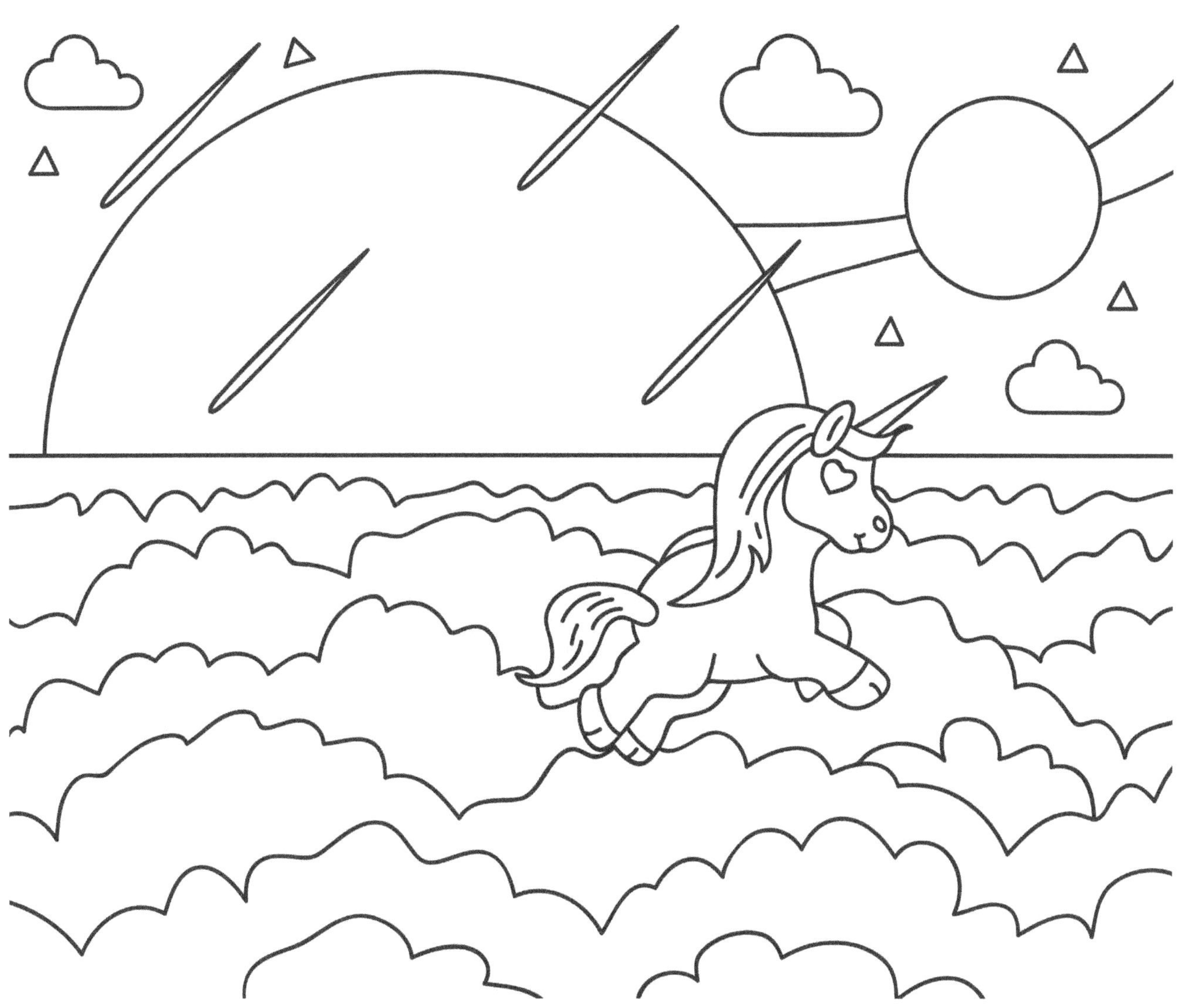

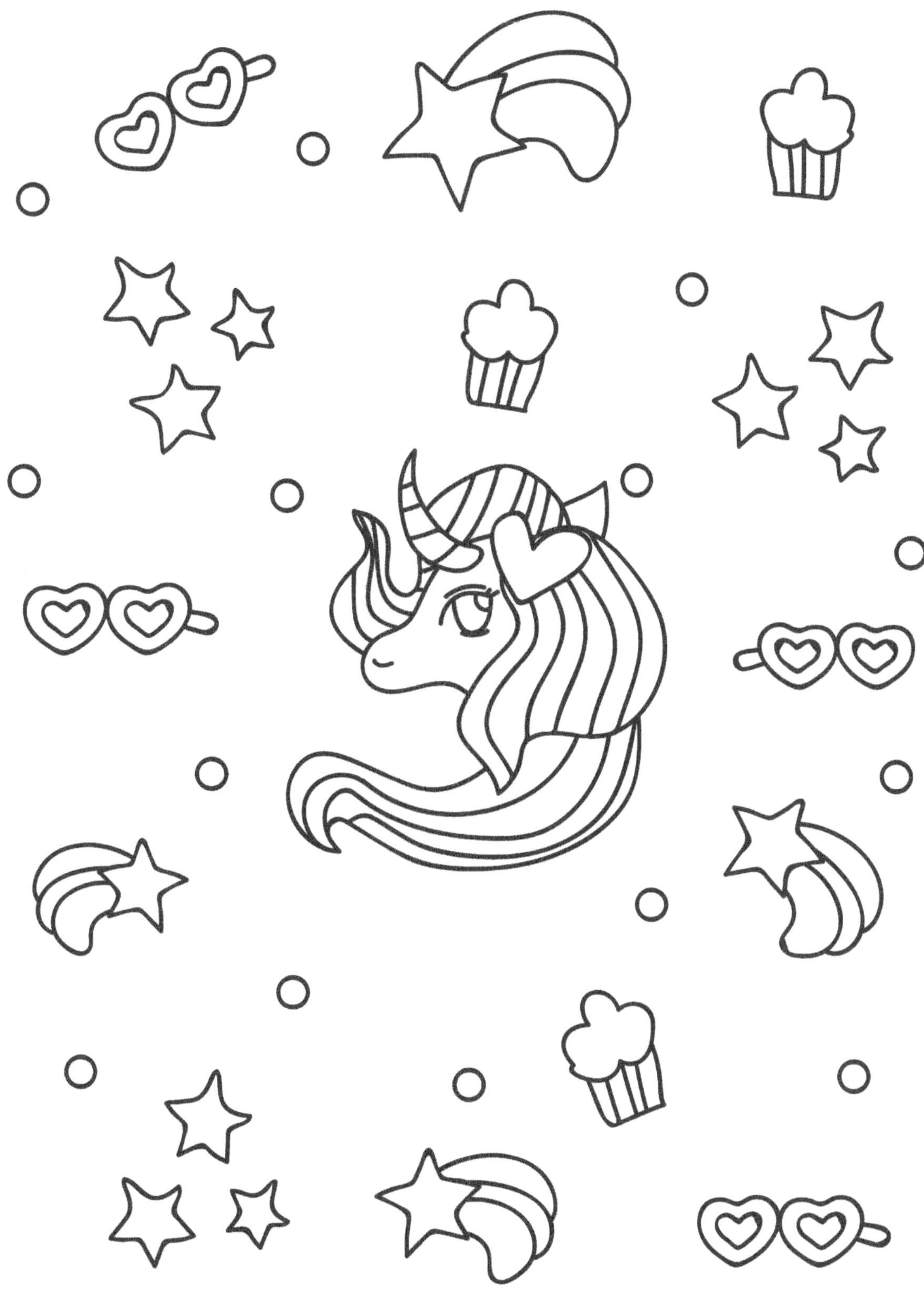

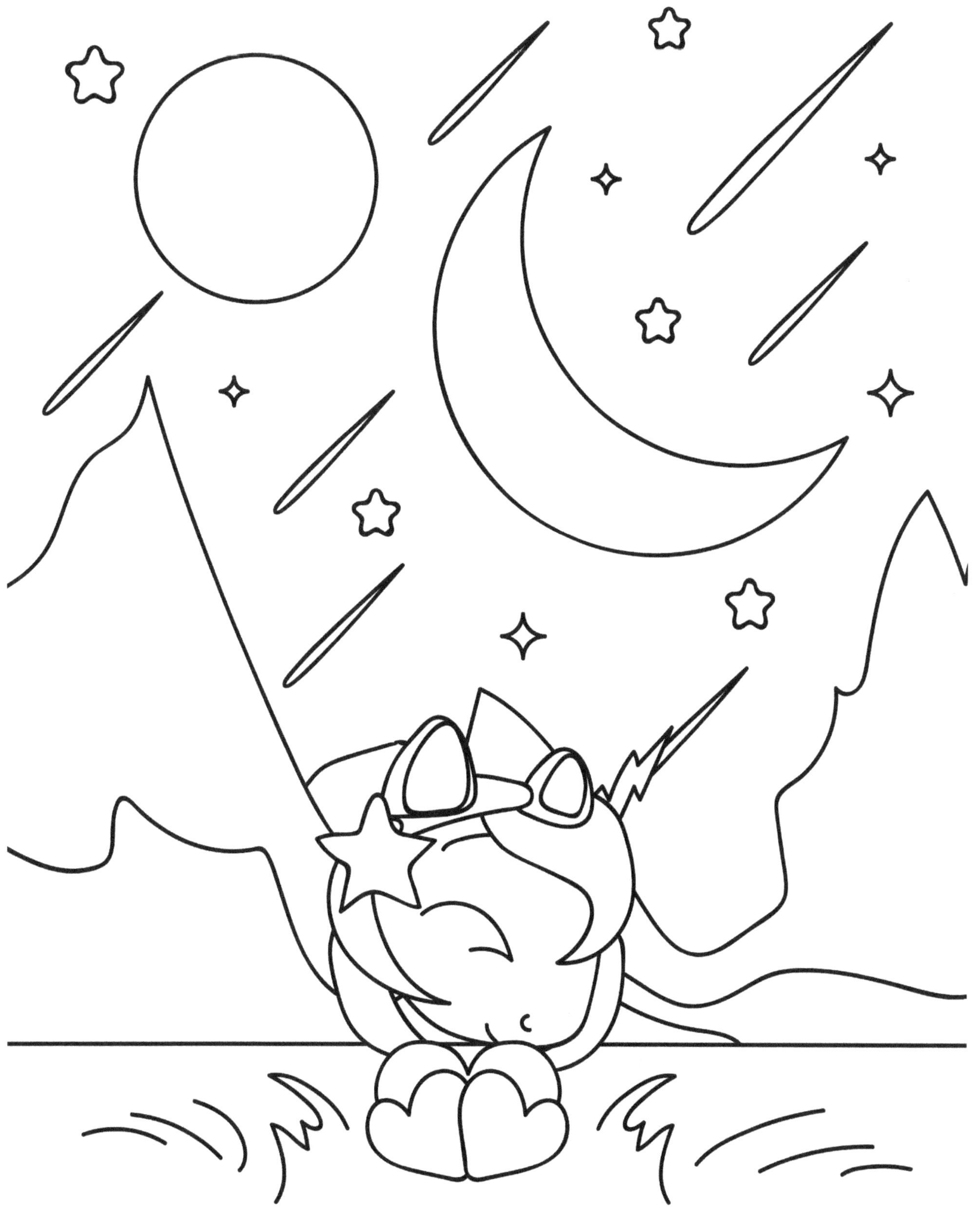

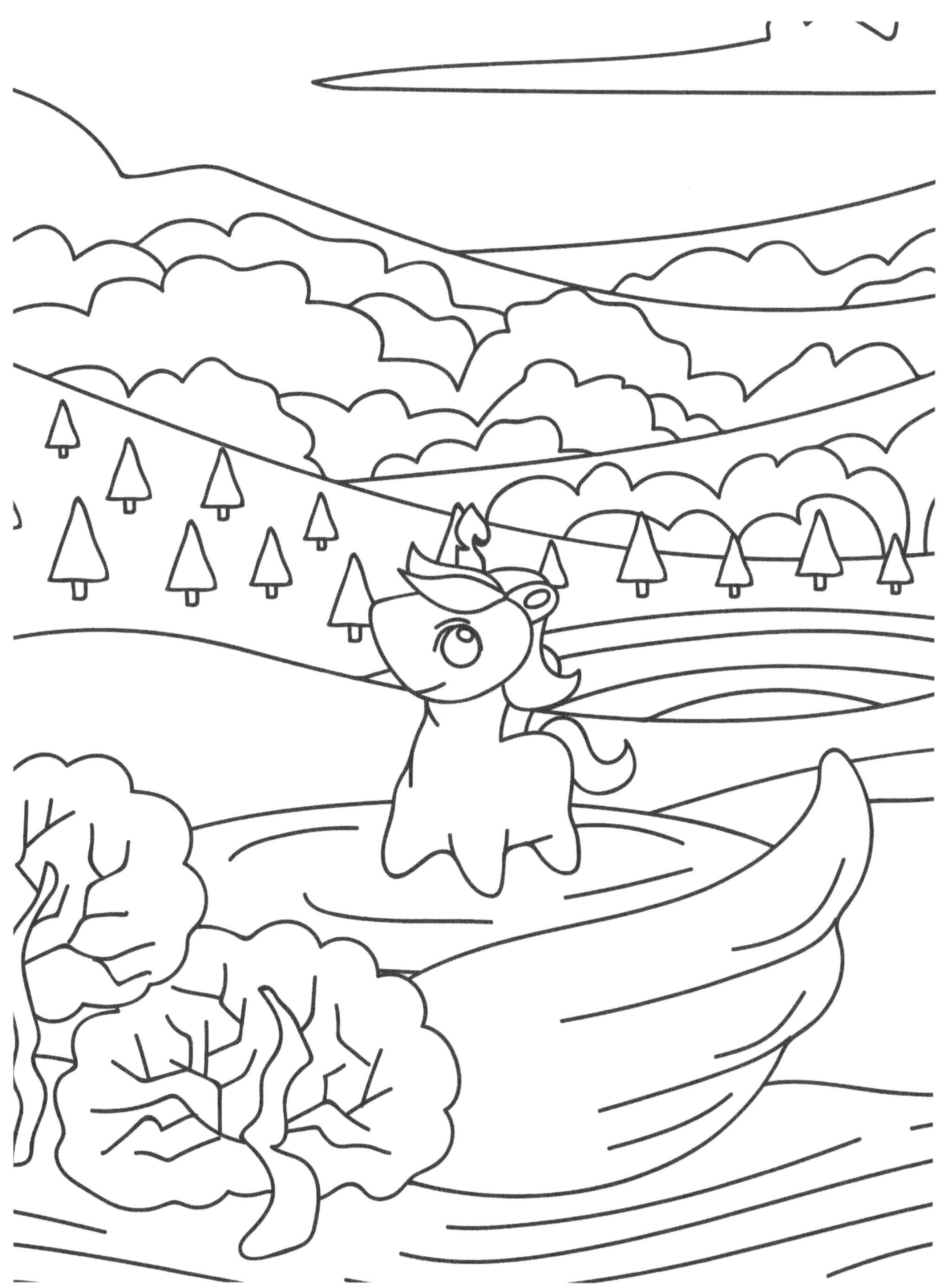

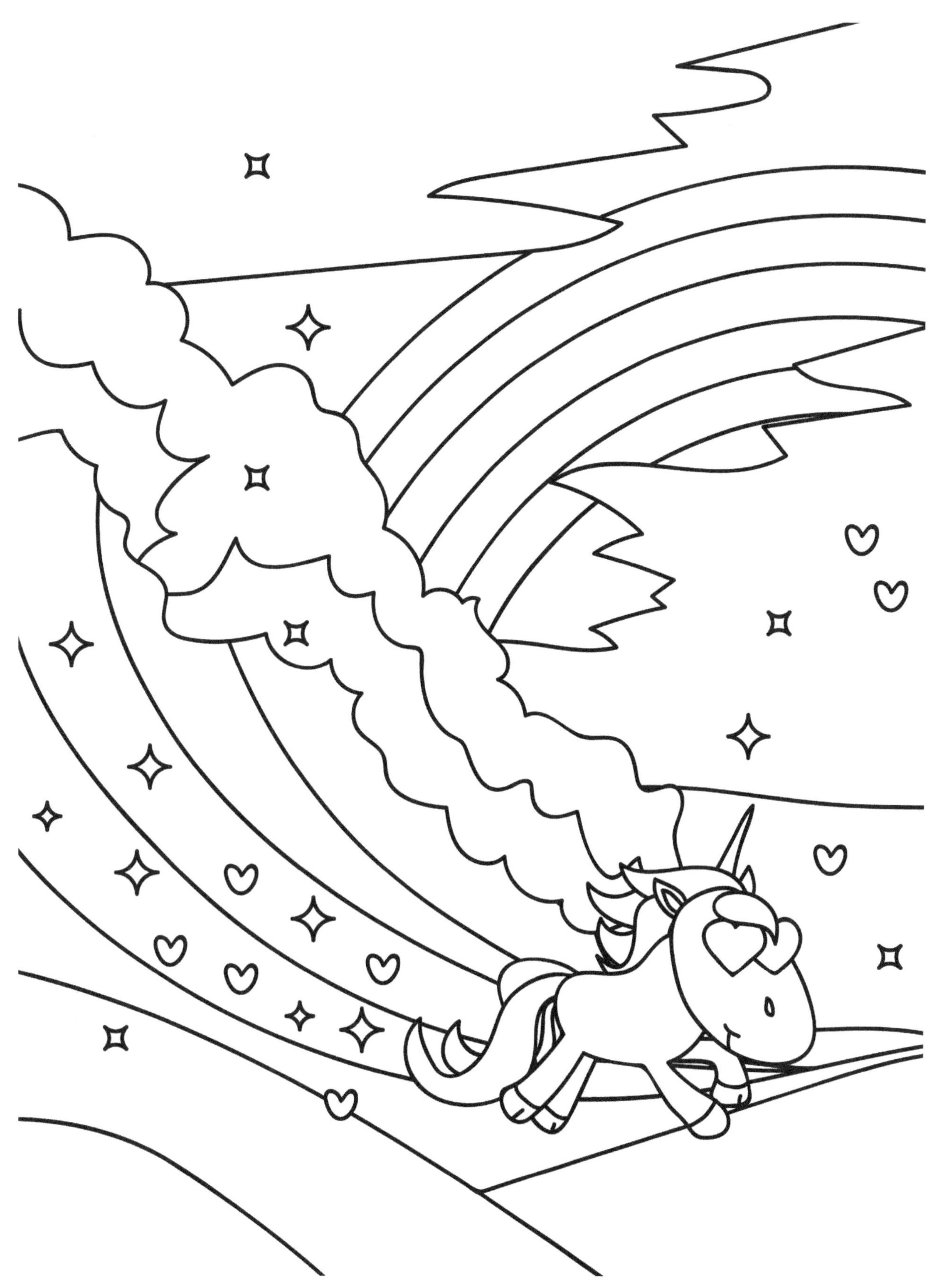

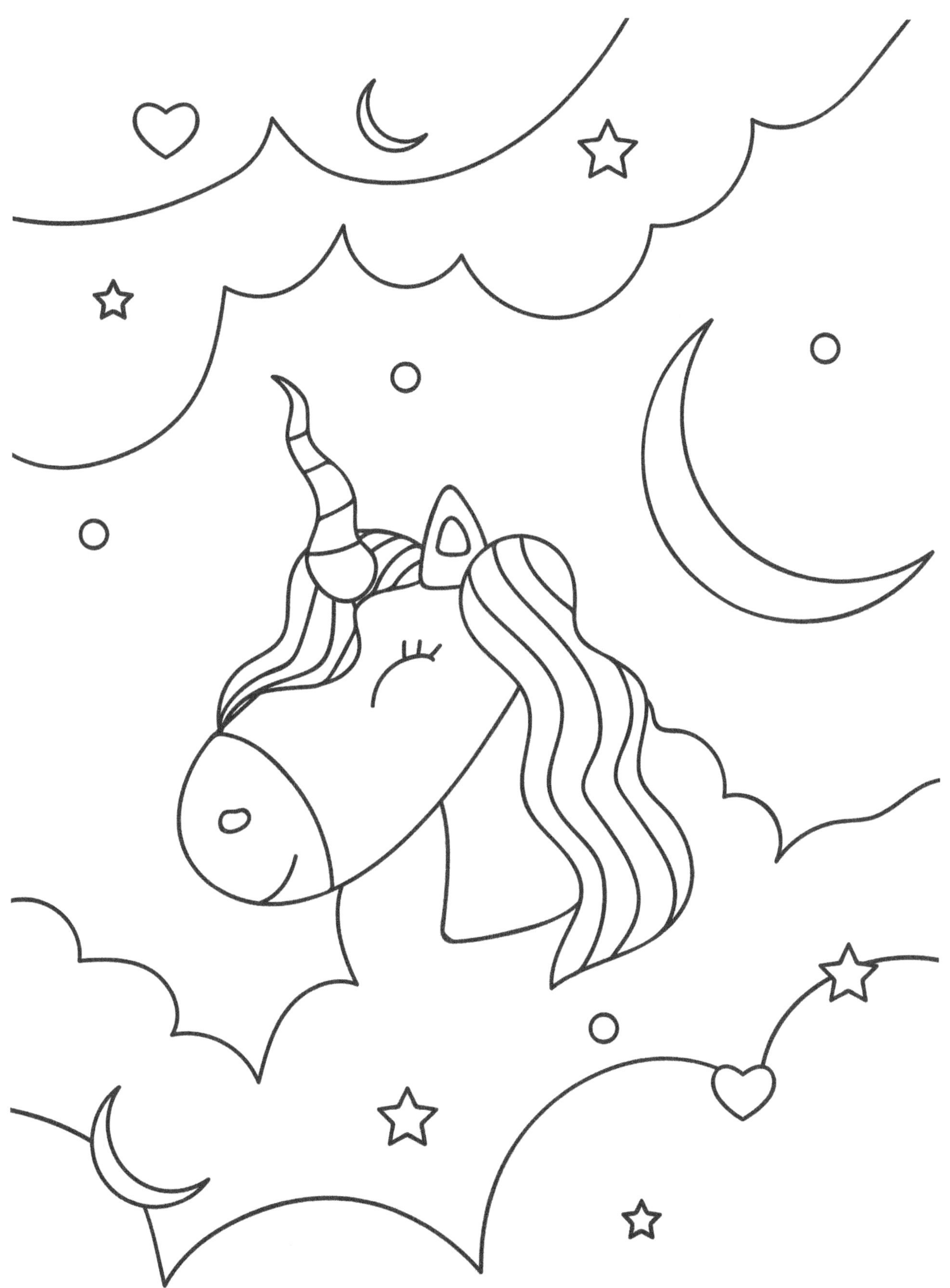

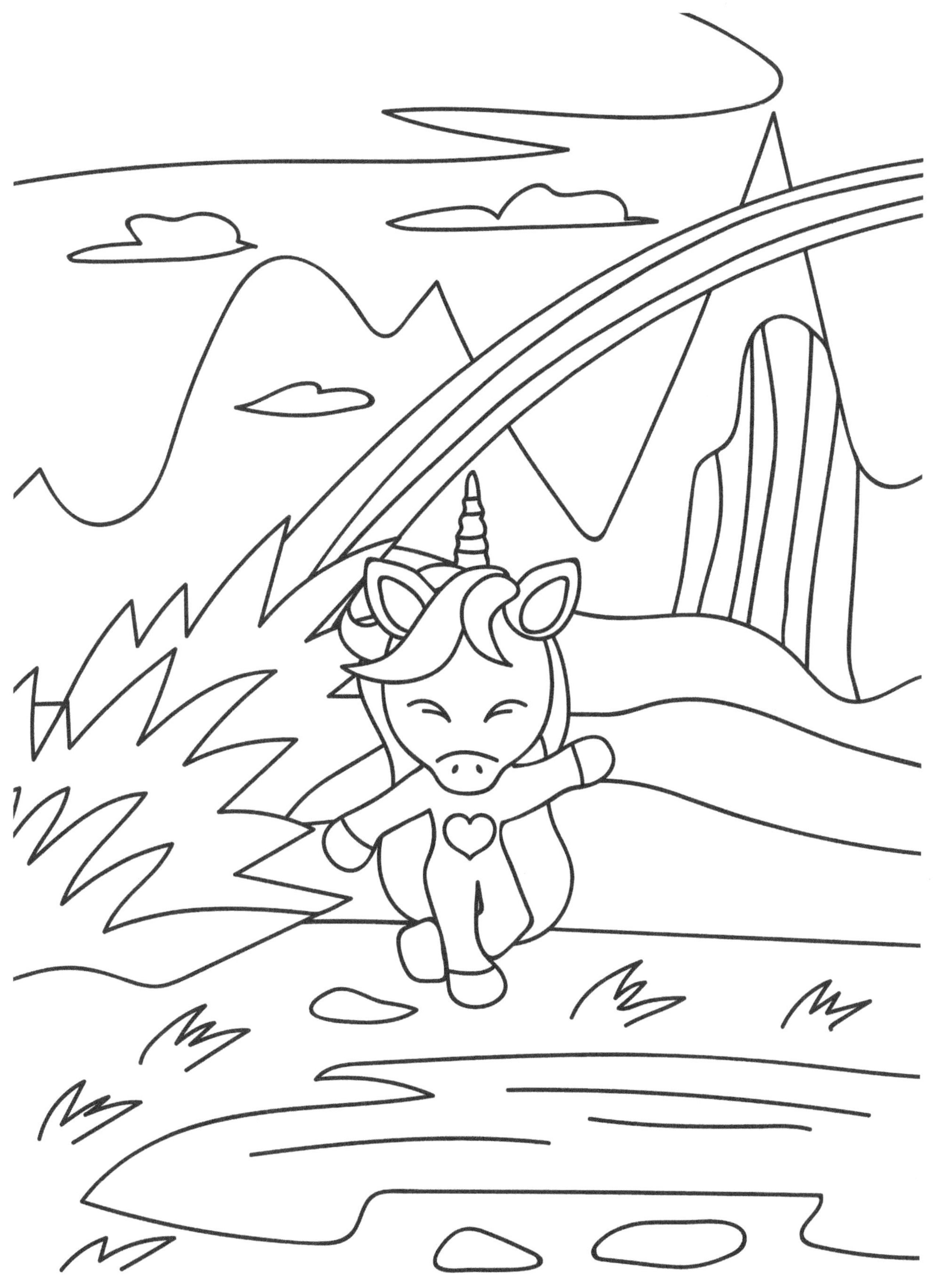

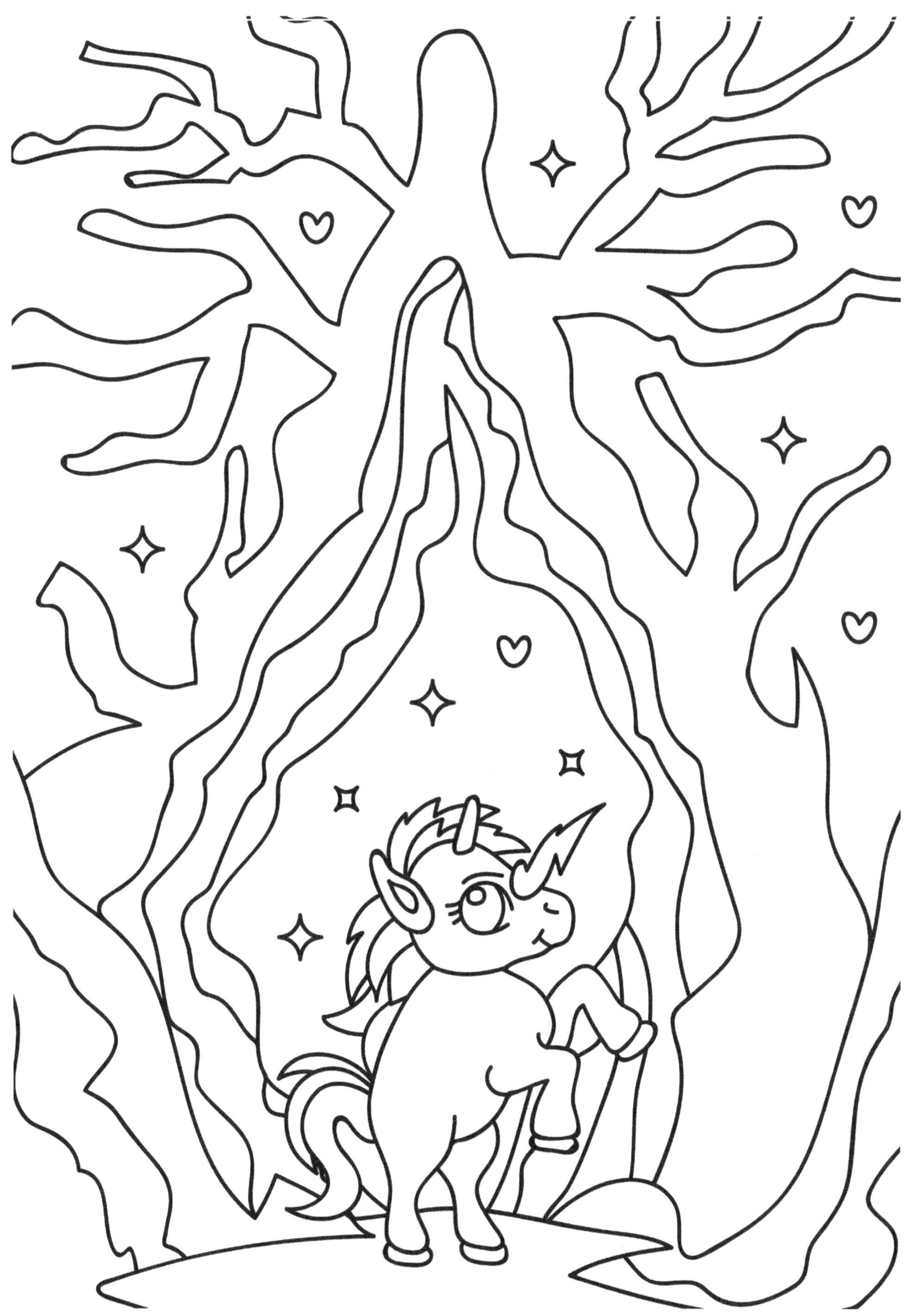

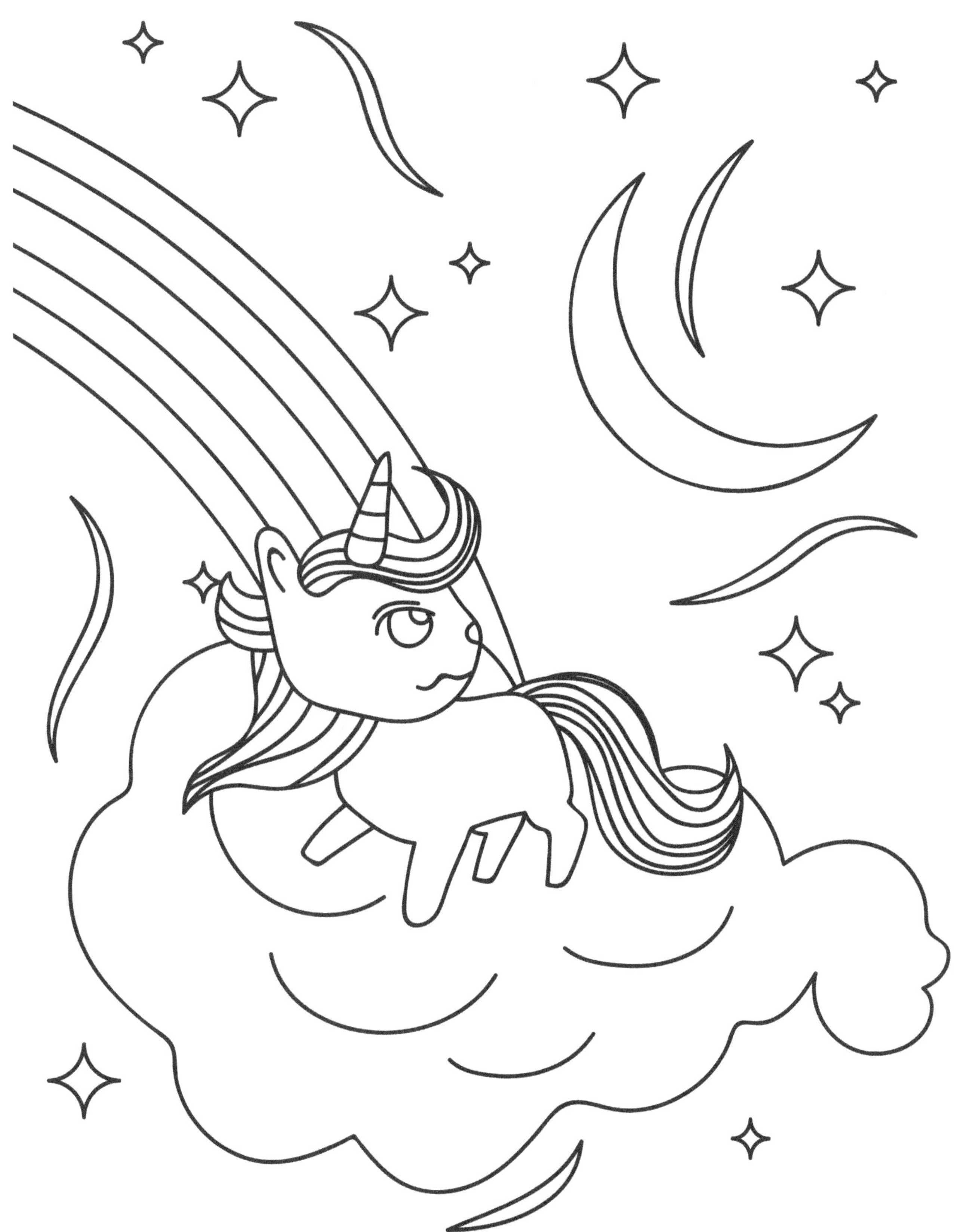

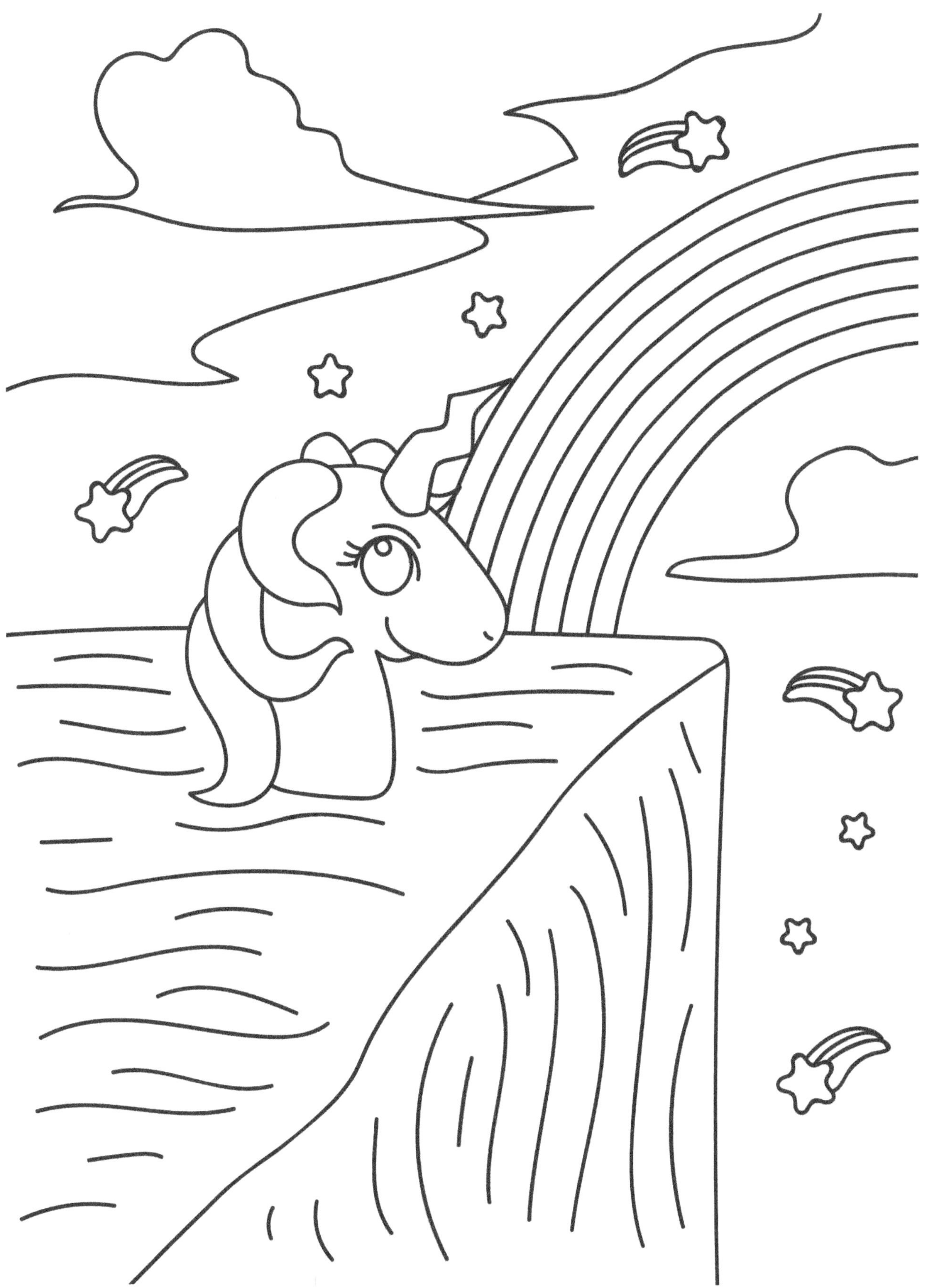

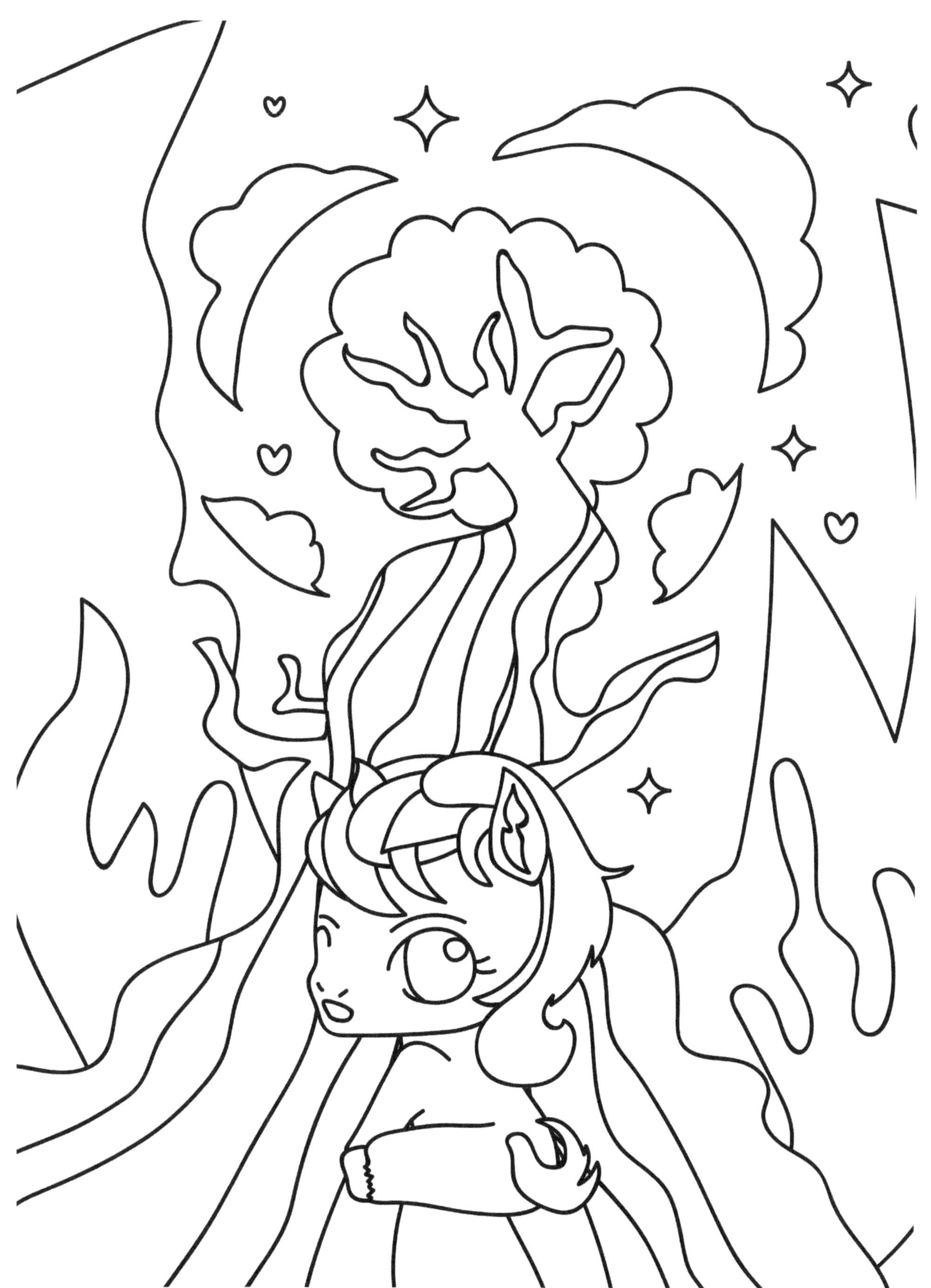

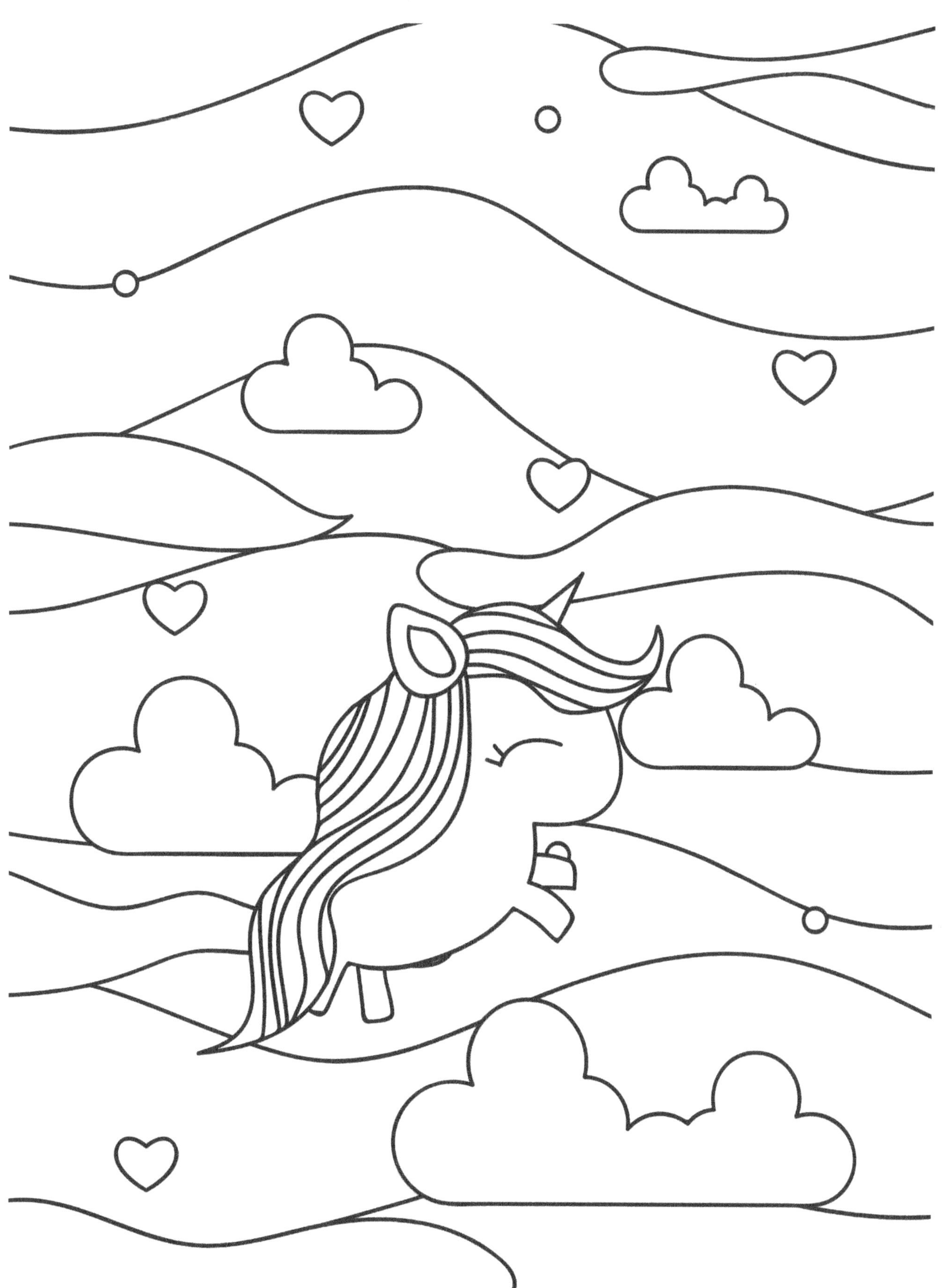

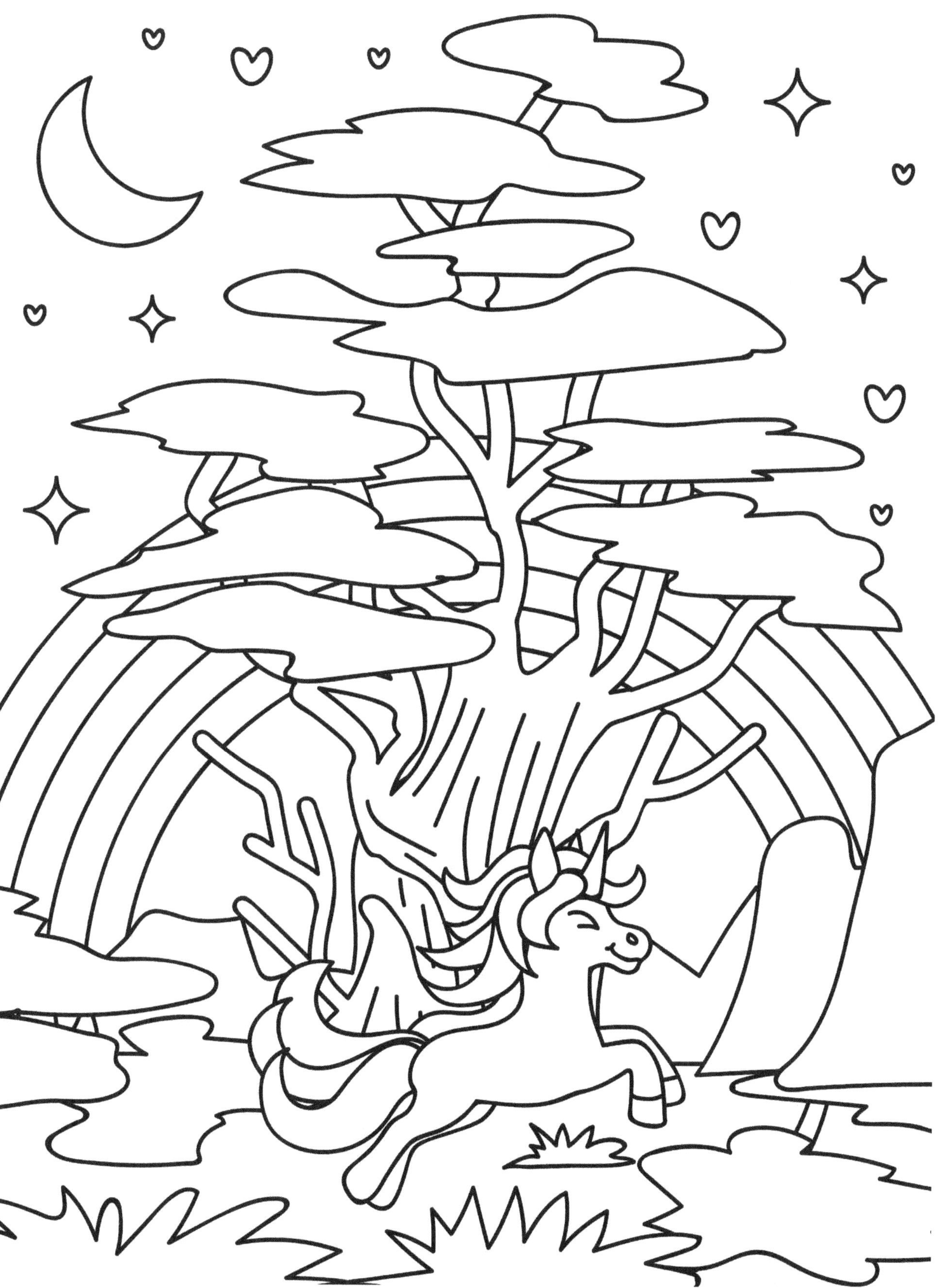

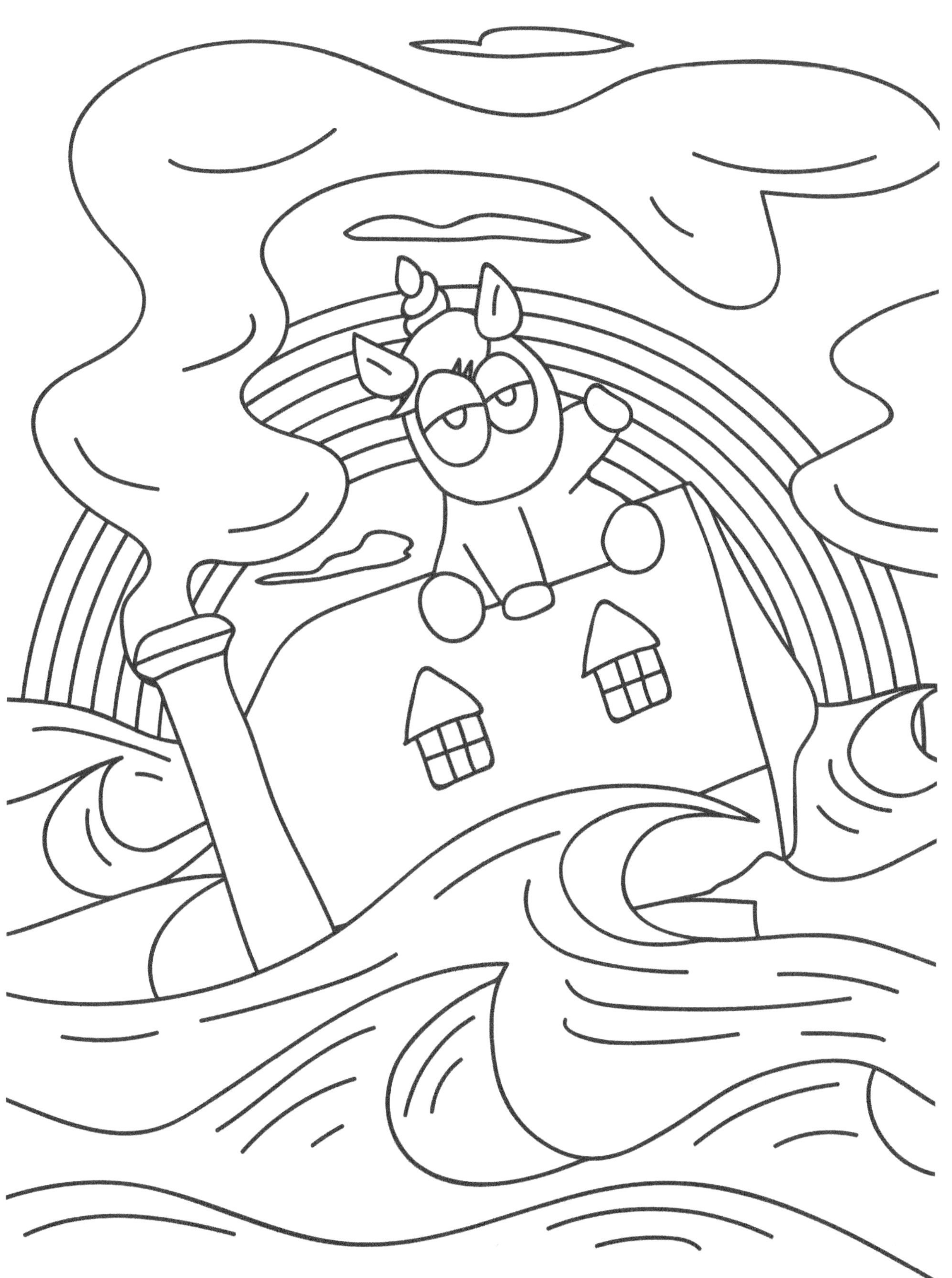

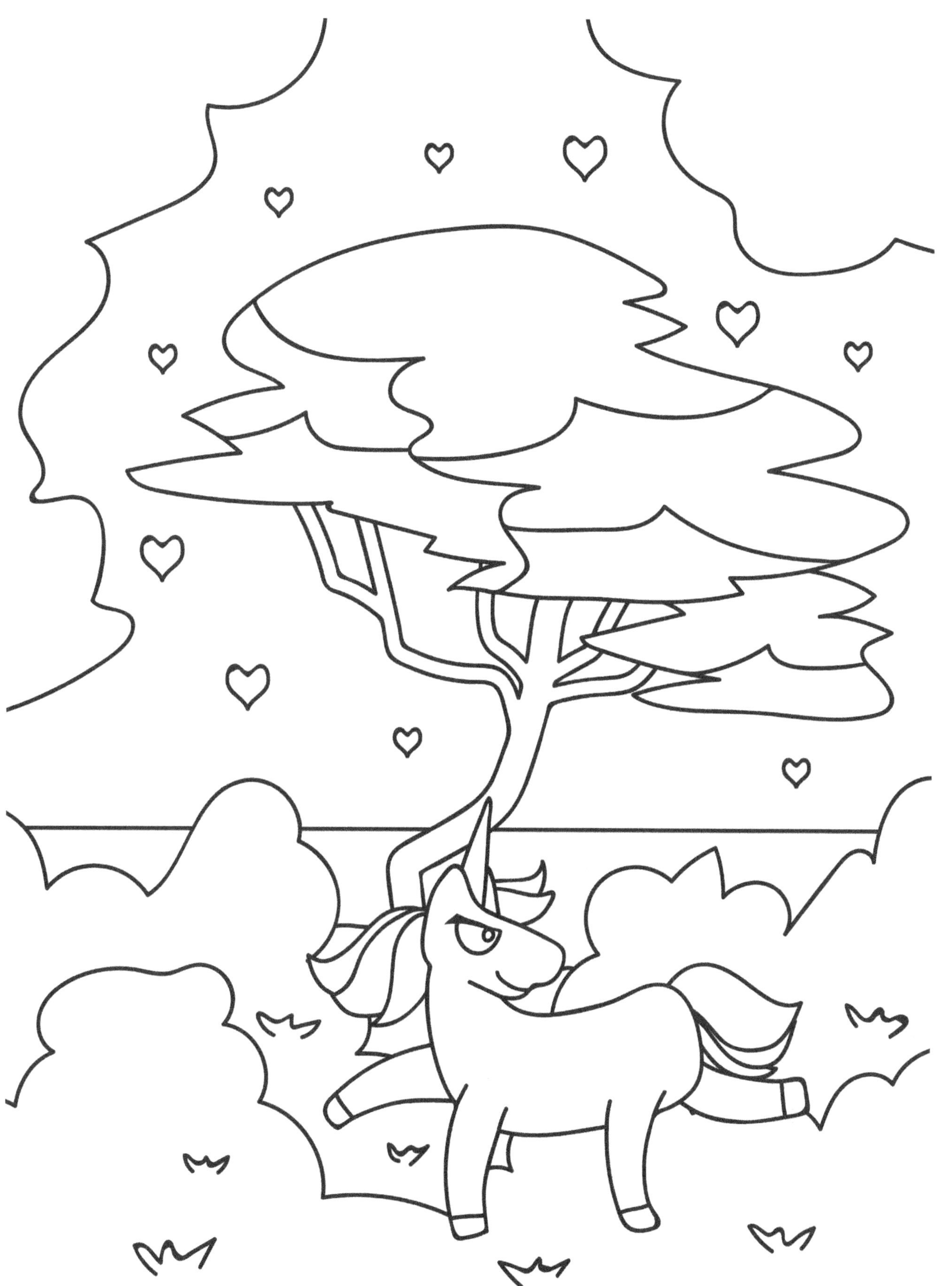

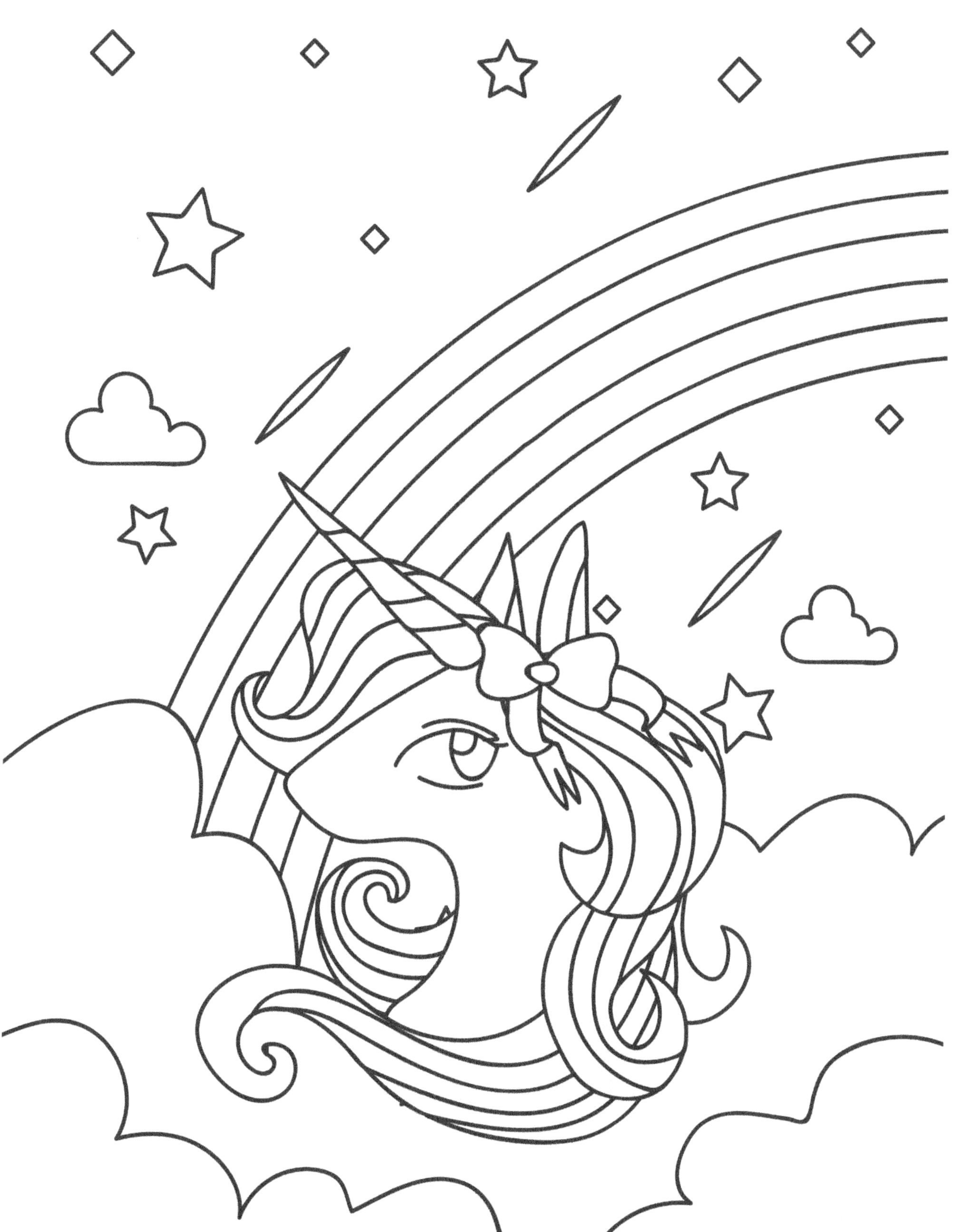